Adolf Holl

Wie gründe ich eine Religion

Adolf Holl

Wie gründe ich eine Religion

Residenz Verlag

Bibliografische Information der Deutschen Bibliothek
Die Deutsche Bibliothek verzeichnet diese Publikation in der Deutschen Nationalbibliografie; detaillierte bibliografische Daten sind im Internet über http://dnb.ddb.de abrufbar.

www.residenzverlag.at

Lektorat: Ilse Walter
Umschlaggestaltung: Joe Wannerer
Typografische Gestaltung, Satz: Ekke Wolf, www.typic.at
unter Verwendung der Schriften Kingfisher und Clarendon
Gesamtherstellung: CPI Moravia

ISBN 978-3-7017-1518-3

Inhalt

In einer dunklen Nacht
verschwand ich ungesehen
auf der geheimen Leiter
aus jenem stillen Haus
und ließ dort alles was mich traurig macht
ganz einfach stehen.

Johannes vom Kreuz

Wenn sonst nichts hilft

Beim Frisör. Haarausfall schon seit Jahren. Buddha ist im Wald verschwunden, Jesus in die Wüste gegangen, Mohammed in der Höhle gehockt. Bitte ganz kurz schneiden. Wie kurz? Wie eine Glatze. Ich bin dabei, eine Religion zu gründen. Meine Religion.

Ganz allein. Hin und wieder bemerke ich im Traum beim Schwimmen, dass es plötzlich Nacht geworden ist. Nur in der Ferne ein paar Lichter am Ufer.

Kindheitserinnerung. In die Kirche gehe ich nur wegen der Musik, hat die Großmutter gesagt. Was die Pfarrer machen, ist Hokuspokus.

Lesefrüchte. Die Religion war mir seit langem zuwider, und trotzdem spürte ich auf einmal die Sehnsucht, mich auf etwas beziehen zu können. Es war unerträglich, einzeln und mit sich allein zu sein. Es musste eine Beziehung zu jemand anderem geben, die nicht nur persönlich, zufällig und einmalig war, sondern in der man durch einen notwendigen, unpersönlichen Zusammenhang zueinander gehörte (Peter

Handke). – Beckett will uns zu verstehen geben, dass wir zu erschöpft sind, um Godot wirklich zu brauchen. Warum kommt er nicht, der andere? Vielleicht heißt er ja Godin oder Godard. Oder er hat sich verspätet, ist aus dringenden Gründen aufgehalten worden, wenn er nicht gar im Wirtshaus sitzt oder unsere Adresse verloren hat. Uns geht jener buchstäblich verrückte Starrsinn ab, der allein in der Lage wäre, aus uns einen dringlichen Fall zu machen. Godot sagt sich: Es hat keine Eile, ich werde vorbeikommen, wenn ich meine Angelegenheiten erledigt habe. Oder unsere Rufe waren so schwach, dass er sie ganz einfach nicht gehört hat (Jean-Paul Sartre).

Fluchtversuche. Ein beliebtes Gemurmel, entstanden in Asien: Buddham saranam gacchami, dhammam saranam gacchami, sangham saranam gacchami (dhamma = Lehre, sangha = Gemeinde, saranam gacchami = ich nehme Zuflucht). An die Stelle Buddhas kann, wie früher im katholischen Bayern üblich, eventuell die allerheiligste Dreifaltigkeit treten, in Begleitung der Gottesmutter, der Erzengel, der Heiligen und der armen Seelen im Fegefeuer. Kurzum: Wir sind auf der Flucht. Wenn sonst nichts mehr hilft, nehmen wir unsere Zuflucht zur – Religion.

Zu viel versprochen. Keine Religion ohne das Versprechen eines erreichbaren Ziels aller Fluchtversuche. Deshalb die ständigen Hinweise auf jene, die

das Ziel erreicht haben – Erleuchtung, Seelenfrieden, ewiges Leben. Aber der Teufel schläft nicht, wie ein Blick in die Kriminalgeschichte des Christentums oder des Islam lehrt. Auch in den unschuldigsten Anfängen steckt ein Wurm. Und schon ist der Gedanke da, einen Neuanfang zu versuchen. Gegenwärtig werden täglich zwei oder drei Religionen gegründet, vornehmlich in Afrika und Asien. Oft handelt es sich dabei um kurzlebige Vereinigungen mit einem Anhang von ein paar hundert oder tausend Frommen, es kommt zu Abspaltungen, der Organisationsgrad ist niedrig. Aber es kann auch unter der Führung besonders energischer Persönlichkeiten zu Kirchenbildungen mit erstaunlich hohen Zuwachsraten kommen, missionarisch erfolgreich, international vernetzt, mit vollen Kassen. Alles in allem lassen sich 9900 religiöse Vereinigungen zählen, meint der Herausgeber der World Christian Encyclopedia. Tendenz steigend.
Und es wäre ja irreführend, die ultrastabilen Zufluchten der sogenannten Weltreligionen Buddhismus, Judentum, Christentum, Islam als Blockbildungen aufzufassen. Unter ihren Dächern hausen jeweils Hunderte Kirchen, Sekten, Minderheiten, Geheimgesellschaften, alte und neue, pazifistische und terroristische, häufig untereinander notorisch zerstritten, fundamentalistisch oder liberal unterwegs. Um das gesamte Angebot durchzuprobieren, sagen wir eine Religion im Monat, müsste ich mindestens 800 Jahre alt werden.
Und dann? Dann bin ich viel zu müde, mich für eine

bestimmte Religion zu entscheiden. Dann möchte ich nur noch meine Ruhe haben.

Hin und zurück. Die bequemste Methode, den Wert einer Religion zu bestimmen, ist die Prüfung ihrer Einnahmen. Das Heiligtum in Tirupati (Andra Pradesch, Indien) nimmt täglich im Durchschnitt 350 000 Euro an Geldspenden ein. In den Schatzkammern des Tempels lagern 10 Tonnen Weihegeschenke aus purem Gold. Von solchen Reichtümern kann selbst der Vatikan nur träumen.
Nach Tirupati gelangt man über Madras. Aspirin sollte dabei sein, es besteht Erkältungsgefahr, trotz des heißen Klimas. Das Standbild der Gottheit Venkateschvara hat einen Schild vor Augen, Nase und Mund, um die Pilgerscharen nicht zu gefährden. Über das Alter des Gnadenorts lässt sich streiten. Dass die dort praktizierte Religion schon da war, ehe Buddha, Jesus, Mohammed auftraten, ist sicher. Der französische Missionspriester Jean Antoine Dubois (gest. 1848) hat beschrieben, was in Tirupati Sache war. Kinderlos gebliebene Frauen übernachteten im Heiligtum und wurden von Venkateschvara heimgesucht, in Gestalt eines seiner Diener. Venkateschvara gilt als eine der tausend Erscheinungsformen Vischnus. In Tirupati sollte man sich nicht zu lange aufhalten. Hauptsache, man verfügt nach der Heimkehr über einen lebhafteren Religionsbegriff.

Die gute Meinung. Es gibt mich kein zweites Mal. Eines Tages wird mein Leben aufhören, aber ich will auf gar keinen Fall, dass es durch den Tod vergiftet wird.

Im Mittelpunkt

Ein wenig Philosophie. Auf seinen Reisen hatte der Kardinal Nikolaus von Kues (1401–1464) Bilder gesehen, auf denen ein Bogenschütze oder auch Christus so gemalt war, dass sein Auge mit dem Betrachter mitging. In Koblenz war eine Veronika so dargestellt, in Brixen auf der Bischofsburg ein Engel. Das Gemälde mit dem wandernden Blick schaute jeden an, als sei er allein gemeint. Ein solches Bild ließ der Kardinal herstellen und schickte es den Benediktinern am Tegernsee, die seine Werke schätzten, ohne sie freilich ganz zu verstehen, und um eine möglichst leicht fassliche Darstellung seiner Gedanken gebeten hatten.
Mit dem Bild kam eine Schrift mit dem Titel »De visione Dei« (Das Sehen Gottes). Darin schrieb der Kardinal: Zuerst werdet ihr darüber staunen, wie es möglich ist, dass das Bild alle und jeden einzelnen zugleich ansieht. Wer im Osten steht, begreift in keiner Weise, dass der Blick des Bildes auch nach Westen oder Süden geht. Dann soll der Mönch, der an der Ostwand steht, in Richtung Westen gehen. Er wird die Erfahrung machen, dass der Blick ihm im Westen genauso gilt wie zuvor im Osten. Er weiß, dass das Bild fest angebracht

ist und sich nicht verändert; er erstaunt über die Veränderung des unveränderbaren Blicks. Und wenn er den Blick fest auf das Bild richtet und dabei von West nach Ost geht, dann wird er die Erfahrung machen, dass der Blick des Bildes kontinuierlich mit ihm geht. Kehrt er dann von Ost nach West zurück, wird er genauso erfahren, dass der Blick ihn nicht verlässt. Er staunt: Der Blick bewegt sich, ohne sich zu bewegen.
So werden wir angeleitet zu überlegen, fuhr der Kardinal fort, wie Gott zu denken sei. Jeder meint, er allein werde von Gott angeblickt. So wie jeder fromme Jude, Christ, Muslim meint, allein seine Riten und Glaubenswahrheiten stammten direkt von Gott. Sobald du begreifst, dass dein Blick dem Blick Gottes antwortet, der allen gilt, ohne dich persönlich aus dem Auge zu verlieren, hast du etwas gelernt.
In Bezug auf Gott hegte der Kardinal eher extravagante Gedanken. Er vergleicht Gott mit einer unbegrenzten Kugel *(sphaera infinita),* deren Mittelpunkt überall und deren Oberfläche nirgends zu denken sei. Vorausgesetzt dabei war eine neue Kosmologie mit einem Weltall ohne Mittelpunkt und ohne Umfangbegrenzung.
Das hat sich mittlerweile herumgesprochen. Weitaus schwieriger ist die Erkenntnis, nicht der Mittelpunkt der Welt zu sein, besonders für Religionsgründer.

Mystik für Anfänger. Der Indologe Agehananda Bharati (1923–1991), ein gebürtiger Wiener, erlebte als katholisch getaufter Gymnasiast den Eintritt in eine exquisite Erfahrung: Ich war eben am Einschlafen, schrieb Bharati, als die ganze Welt zur Gewissheit unzertrennbarer Einheit zusammentrat, in deren Zentrum ich mich befand, nicht einmal eine Minute lang, ohne Gefühl, ohne Wahrnehmung, ohne inhaltliche Bestimmung. Dann, während einer fünfminütigen Phase des Abklingens, kehrten Gesichtssinn und Reflexionsvermögen zurück, zusammen mit dem sicheren Wissen, dies sei nicht das letzte Mal gewesen. Bharati erlebte diesen Null-Zustand, wie er ihn nannte, noch drei Mal – während des Zweiten Weltkriegs in Südfrankreich, dann in Indien, wo er acht Jahre verbrachte und in einen angesehenen Orden aufgenommen wurde, und zuletzt in den USA als angehender Hochschullehrer. Der Null-Zustand, bemerkte Bharati, ereignet sich unabhängig von allen Bemühungen, ihn zu erreichen; denen, die ihn sehr inständig und sehr ausdauernd anstreben, wird er eines Tages gewährt. Ihn auf Dauer zu stellen, bleibt ein unerfüllbarer Wunsch.

Als Bharati sich in die verschwiegenen Praktiken des linkshändigen Tantra einweihen ließ, war er 30 Jahre alt und ordinierter Mönch. (Linkshändigkeit bedeutet in diesem Zusammenhang die Positionierung des weiblichen Teils im Ritual, das auch von Unverheirateten zelebriert werden darf.) Die Trainingsnächte fanden irgendwo im indischen Bundesstaat Assam statt,

in sicherer Entfernung vom nächsten Polizeiposten. Dort erlebte Bharati seinen längsten Null-Zustand, nach einer Nacht in der Gesellschaft männlicher und weiblicher Tantriks. Er wanderte bei Sonnenaufgang zurück in den Aschram, wo er untergebracht war, und spürte auf einmal, dass er sich verwandelt hatte. Ich war das Universum, schrieb Bharati, das sich in sich selbst bewegte. Ich sah meine Beine und alles Übrige, aber sie waren nur zwei eher unbedeutende Instrumente unter Millionen anderer Instrumente, die das Universum bewegten, und ich war der Beweger. Im Aschram angelangt, legte sich Bharati auf sein Lager, trank nach einer Stunde ein Glas Milch und fiel danach unvermittelt in den normalen Bewusstseinszustand zurück.
Als Religionswissenschaftler bestand Bharati auf der prinzipiellen Trennung von spirituellem und akademischem Wissen. Von 5 Uhr am Morgen bis etwa 8 Uhr bin ich Mystiker, sagte Bharati in einem Interview. Ich stehe auf, nehme ein Bad und meditiere eine oder anderthalb Stunden. Dabei habe ich die Möglichkeit, auf eine sehr beglückende Weise die Welt mitsamt ihrer wissenschaftlichen Arbeit abzuschalten. Ich mache diese Übung bereits jahrzehntelang, und sie gibt mir große Stärke. Danach wird gefrühstückt. Auf meine Arbeit als Wissenschaftler hat meine Mystik keinerlei Einfluss. Wir sind alle als Mystiker geboren. In den westlichen Ländern wird diese Kompetenz unterdrückt, in Indien sehr gefördert. Um als Mystiker voranzukommen, muss ein enormer intellektueller

Fleiß eingesetzt werden und eine starke Disziplin im Gefühlsleben. Im Übrigen kenne er Mystiker, meinte Bharati, die als Menschen unmöglich wären, und viele hervorragende Menschen, die keine Mystiker seien. Mystik habe auf Moral keinerlei Einfluss.
Der Gründer des religiösen Ordens, dem Bharati angehörte, hieß Samkaracarya und lebte im achten Jahrhundert. Er war mit acht Jahren Mönch geworden. Als er 33-jährig starb, hatte er Indien zweimal zu Fuß durchwandert und 80 philosophische Abhandlungen verfasst. Er lehrte die Identität von Weltseele und Einzelseele, dem Göttlichen und dem Ich. Das ist die eleganteste Antwort auf die Frage nach dem Mittelpunkt der Welt. Auf sie war Bharati nach seiner Einweihung als Tantrik aufmerksam gemacht worden.
Merke: Du bist Gott und sonst niemand auf der Welt. Oder, im Normalfall, irgendwo dazwischen.

Oculi omnium. Aller Augen warten auf dich. Dieser jüdische Gebetsruf richtet sich an Gott, dem das tägliche Essen zu verdanken ist. Gottähnlich mag sich auch der Sänger fühlen, wenn er die Bühne im ausverkauften Stadion betritt. Alle haben auf ihn gewartet, ihre Augen sind auf ihn gerichtet. Er ist das Zentrum ihrer Aufmerksamkeit. Der Wunsch nach einem solchen Hochgefühl muss sehr stark und weit verbreitet sein unter denen, die im Showbusiness an die Spitze kommen möchten, auch unter Sportkanonen, Dirigenten, Models. Ihr werdet sein wie Gott, allerdings nur annäherungsweise, denn immer wird es ein paar Leute geben, die noch nie etwas von dir gehört haben. Der Wunsch, wenigstens einmal im Mittelpunkt zu stehen, lässt sich gleichwohl nicht beirren. Deshalb wird so häufig fotografiert, werden ständig neue Religionen gegründet. Weil Fotos und Religionen mit der Zeit verblassen, geht der Betrieb weiter. Selbst Mystiker, die gelernt haben, die Welt zum Verschwinden zu bringen, haben Religionen gegründet. Sich selbst ganz zum Verschwinden zu bringen, ist nicht einmal ihnen geglückt. Baut eure Häuser nicht zu hoch, sagte Teresa von Avila, damit sie nicht viel Lärm machen, wenn sie einstürzen.

Ein wenig Mathematik. Gegen Null oder Unendlich gehen ist ein Rechenverfahren, keine Lebensaufgabe.

Seelentrost. Ohne mich wäre die Welt unvollständig. Es wird mich immer gegeben haben, auch wenn kein Hahn mehr nach mir kräht.

Der Vorteil, geboren zu sein

Beim Arzt. In der Ordination sitze ich als leidende Person, deren Erkrankung behandelt gehört. Leben ist Leiden, hat Buddha verkündet, und Jesus ist seinem Tod geradezu in die Arme gelaufen. In meiner Religion soll jeder Tag ein Geschenk sein.

Halb so wild. Liebe zum Leben findet sich am ehesten unter Menschen, die mit tausend Kalorien am Tag zufrieden sind und lang nicht so alt werden wie die Bewohner von Zürich. Dort gibt es die größte Dichte an psychotherapeutischen Praxen in Europa, während die Mbuti-Pygmäen im Regenwald von Zaire zu den bedrohten Völkern gehören.
Über sie schreibt der Ethnologe Hans Peter Duerr (Heidelberg): Als liebenswürdige und höfliche Menschen wollen sie den Gott, der abgelenkt ist oder schläft, lediglich auf sich aufmerksam machen oder auf möglichst unaufdringliche Weise wecken, denn dann wird er ohnehin wissen, was zu tun ist. Wir wecken ihn, indem wir zu ihm singen, sagt ein Mbuti. Wir singen,

damit er glücklich erwachen soll. Dadurch wird alles wieder gut und richtig werden.
Die Mbuti sind geschickte Jäger. Ihre Frauen durchstreifen den Wald auf der Suche nach Nüssen oder wildem Honig, auch nach Heilkräutern, die sie gegen Macheten und Kochtöpfe tauschen. Die Behörden sind bestrebt, die Pygmäen sesshaft zu machen, drohen mit Verhaftung, begünstigen kommerziell betriebene Landwirtschaft. Ab und zu findet ein Ethnologe den Weg zu den Mbuti und belästigt sie mit Fragen über ihre Religion.
Diese kennt keine Sehnsucht nach dem Paradies, fährt Duerr fort. Der Glaube ans Paradies kam erst unter bäuerlich lebenden Menschen auf, nach dem Ende der letzten Eiszeit. Ackerbau und Viehzucht sind mühselige Tätigkeiten, sie lassen wenig Zeit für Tratsch, Gesang, Tanz und Flirt. Bauern stehen mit dem Rücken zur Wand, weil sie bleiben müssen, wo sie sind, wenn wieder einmal eine Hungersnot droht. Deshalb benötigen sie mehr Zeit für die Religion als die Mbuti. Das Lebensgefühl der Bauern, meint Duerr, neigt zum Pessimismus, und dementsprechend düster wirkt ihre Frömmigkeit, mit sehr viel Blut auf den Altären. Der Appetit der bäuerlichen Götter war groß, synchron mit der Einführung stehender Heere, die von den Priestern gesegnet wurden.
Ein Blick zum Abendhimmel bleibt trotzdem erlaubt. Von dort blinzelt die Venus herunter.

Unter den Frauen. Auch in der ersten Frühe ist die Venus noch zu sehen, als Morgenstern, *stella matutina*. So kam sie in einen mittelalterlichen Bittgesang zur seligen Jungfrau Maria, die Mutter Gottes des christlichen Glaubens, wie eine neue Venus. Du Morgenstern, bete für uns.

Am Ursprung dieses Frauenlobs steht das Ave Maria des Evangeliums nach Lukas: Gegrüßt seist du Maria, voll der Gnade, der Herr ist mit dir, du bist gebenedeit unter den Frauen, und gebenedeit ist die Frucht deines Leibes!

Jesus. Dessen Vater heißt im Evangelium *pneuma hagion,* Gottesgebraus. Damit habe sich der Verlobte Mariens abgefunden, ist zu lesen, es sei geheiratet worden, weitere Kinder wären zur Welt gekommen, als Geschwister des Erstgeborenen, des »Königs der Juden«, wie auf der Tafel steht, die von der Kreuzigung Jesu übrig geblieben ist, aufbewahrt in Rom.

Nach der Hinrichtung ihres Sohns habe Maria die Fassung bewahrt, berichten die Evangelien, und Vorkehrungen für die Bestattung des Leichnams getroffen, gemeinsam mit Frauen aus der engsten Umgebung Jesu. Dabei seien sie, so das Markusevangelium, von einem jungen Mann in weißer Bekleidung angesprochen worden, mit der Mitteilung, der Tote sei aufgeweckt worden und habe sich auf den Weg in seine Heimat gemacht. Da wären die Frauen erschrocken davongelaufen.

Die letzte Erwähnung Mariens in der Bibel lässt die

Mutter Jesu zu Pfingsten im Kreis der Apostel auftreten, mit einem feurigen Zünglein über ihrem Kopf, umtost vom Gottesgebraus. Das ist alles. Nichts von Maria Himmelfahrt, nichts von unbefleckter Empfängnis, nichts von Mariens Eltern Anna und Joachim. Historisch verbürgt ist lediglich die Erinnerung an eine Hausfrau im Judenland zur Zeit des Kaisers Tiberius, deren Ältester die größte Weltreligion in der Geschichte der Menschheit anschob, ohne es zu wissen.

Sehr beeindruckend sind die Umstände dieser exemplarischen Religionsgründung nicht, wenn sie unter die Lupe der gängigen Geschichtswissenschaften genommen werden. Versteckte Hinweise weiblicher Herkunft werden dabei meist übergangen – wie jenes Detail aus dem Marienleben, das von einem dreimonatigen Aufenthalt der schwangeren Mutter Jesu bei einer Verwandten namens Elisabeth erzählt, die ebenfalls gesegneten Leibes war. Als dein Gruß an mein Ohr drang, so Elisabeth zu Maria, hüpfte das Kind fröhlich in meinem Leib.

Spürbare Heiterkeit also auf der weiblichen Seite des Heilsgeschehens. In der christlichen Kunst ist die schöne Begebenheit gern dargestellt worden (Giotto, Ghirlandaio), ohne männliche Staffage. Elisabeth gilt als die Mutter Johannes des Täufers, dessen Enthauptung das Erlösungswerk keineswegs beeinträchtigen konnte. Was vom Religionsgetöse übrigbleibt, hat Leonardo da Vinci ins entspannte Mienenspiel seiner heiligen Anna (selbdritt, mit Maria und Jesuskind) unübertroffen hineingemalt. Niedergeschlagene Augen, ein unmerkliches Lächeln.

Zur richtigen Zeit. Dem Philosophen Karl Jaspers (gest. 1969) ist aufgefallen, dass die nachhaltigsten geistigen Umwälzungen rund um das Jahr 500 vor Christi Geburt passierten. In China lebten Konfuzius und Laotse; in Indien entstanden die Upanischaden, Buddha erschien auf der Bildfläche; im Iran lehrte Zarathustra; in Palästina traten die Propheten Elias, Jesaja, Jeremia auf; in Griechenland dichtete Homer, grübelten die Philosophen Parmenides, Heraklit, Platon. Im Zeitraum zwischen 800 und 200 vor Christi Geburt, so Jaspers, wurden auch die Ansätze der Weltreligionen geschaffen, nach denen die Menschen bis heute leben.

Auf die Frage, warum sich das alles nicht früher oder später abgespielt habe, wusste Jaspers keine Antwort – was für die Vorsicht seines Denkens spricht. Über das Scheitern der weltreligiösen Anfänge machte sich Jaspers im Übrigen keine Illusionen. Er schrieb: Wir fangen gerade an.

Die Jaspers-Zeit deckt sich überraschend genau mit der Verbreitung des Alphabets ab 800 v. Chr. Damals setzten sich die Priester des abgelegenen Bergnestes Jerusalem im südlichen Kanaan (heute: Israel) zusammen, um das Erzählgut vom Wirken ihres Gottes zu sammeln und aufzuschreiben. Ihre Arbeit gedieh zum Grundtext der jüdischen Bibel, und das Bergnest wurde die geistige Heimat des Eingottglaubens. Auch ein hölzerner Kasten soll in Jerusalem gehütet worden sein, zur Aufbewahrung zweier beschrifteter Steintafeln, angefertigt von Moses persönlich. Kasten und Steintafeln sind verlorengegangen, weshalb es leider nicht möglich ist, sich mit eigenen Augen von der Existenz der Zehn Gebote Gottes zu überzeugen.

Gleichwohl steht fest, dass die maßgeblichen Religionsgründungen der Jaspers-Zeit ausschließlich von Männern bewerkstelligt wurden. Das ist zwar schon lange her, aber die Frage, ob Religion von Haus aus eine männliche Angelegenheit ist, sitzt als Stachel im Fleisch der Frauen. Dasselbe gilt von der Geschichte der Politik, der Philosophie, der bildenden Künste, der Naturwissenschaften, der Industrie und der Technik – wie ein jahrtausendealter Nachteil, als Frau geboren zu sein.

Als Mann stehe ich in einer langen Ahnengalerie, wenn ich eine neue Religion gründen will. Als Frau darf ich ganz von vorne anfangen.

Alle sechs Sekunden verhungert ein Kind. Dem Vorwurf dieser statistischen Auskunft könnte ich eher mit einer Spende an »Ärzte ohne Grenzen« (Friedensnobelpreis 1999) begegnen als mit der Gründung einer neuen Religion. Allenfalls der Blick auf das Kind im Stall von Bethlehem mag in diesem Zusammenhang hilfreich sein, zur Weihnachtszeit, wenn auch in den Luxushotels von Dubai und Schanghai ein Lichterbaum geschmückt wird.

Auch das Gegenteil ist nicht wahr

Lachen verboten. Warum nicht die stillschweigende Voraussetzung aller Gottesfurcht durchbrechen und eine Religion gründen, in der das Gelächter die Regel ist? Weil auch das Gegenteil des Falschen nicht wahr sein muss.

Was ist Aufklärung? Sie ist der Ausgang des Menschen aus seiner selbst verschuldeten Unmündigkeit. Dass ein Publikum sich selbst aufkläre, ist beinahe unausbleiblich, wenn man ihm nur die Freiheit lässt. Ein Geistlicher ist verbunden, seiner Gemeinde nach dem Symbol der Kirche, der er dient, seinen Vortrag zu tun. Aber als Gelehrter hat er volle Freiheit, alle seine sorgfältig geprüften und wohlmeinenden Gedanken über das Fehlerhafte in jenem Symbol und Vorschläge wegen besserer Einrichtung des Religions- und Kirchenwesens dem Publikum mitzuteilen (Immanuel Kant).

Wittgensteins Wien. Um 1900 hatten auf allen wichtigen Gebieten des Denkens und der Kunst bedeutende Männer wie Kraus und Schönberg, Loos und Hofmannsthal, Rilke und Musil die drängend gewordenen Probleme von symbolischem Ausdruck, Kommunikation und Authentizität wahrgenommen und zu Gegenständen ihres schöpferischen Arbeitens gemacht. An Gott glaubten sie nicht. Gleichwohl schrieb der Philosoph Ludwig Wittgenstein (gest. 1951) kurz vor seinem Tod: Gott kann mir sagen, ich richte Dich aus Deinem eigenen Munde. Du hast Dich vor Ekel vor Deinen eigenen Handlungen geschüttelt, wenn Du sie an anderen gesehen hast.

Was ist Religion? Sie ist der Seufzer der bedrängten Kreatur, das Gemüt einer herzlosen Welt, wie sie der Geist geistloser Zustände ist. Sie ist das Opium des Volks. Die Aufhebung der Religion als des illusorischen Glücks des Volkes ist die Forderung seines wirklichen Glücks. Die Forderung, die Illusionen über seinen Zustand aufzugeben, ist die Forderung, einen Zustand aufzugeben, der der Illusionen bedarf. Die Kritik der Religion ist also im Keim die Kritik des Jammertales, dessen Heiligenschein die Religion ist. Die Kritik der Religion ist die Voraussetzung aller Kritik (Karl Marx).

Unter uns Neurotikern. Zehn Jahre nach der russischen Oktoberrevolution, welche die Popen nach Sibirien geschickt hatte, verglich Sigmund Freud die Religion mit einer Kindheitsneurose. Die Frage, warum die Bolschewiki ein infantiles Fehlverhalten so rabiat bekämpften, hat der Begründer der Psychoanalyse übergangen.

Mittlerweile sind die Popen zurückgekehrt. In aller Welt blüht und gedeiht die Religion, nur nicht in Europa. Vielleicht werden bei uns die Kinder wirksamer aufgeklärt als in Indien. Ob das auf die Dauer von Vorteil ist, wird sich schon noch herausstellen, sobald das Eis der Polkappen abgeschmolzen und der letzte Rest fossilen Brennstoffs in die Luft geblasen ist. Die Lage ist hoffnungslos, aber nicht ernst. Deshalb bin ich dabei, eine neue Religion zu gründen, wenigstens für meine zwei Katzen, die in dieser Hinsicht arg vernachlässigt sind. Im alten Ägypten war das Katzenwesen mit jenseitiger Würde aufgeladen. Freud wusste das, interessierte sich aber vornehmlich für den Eingottglauben. Diesem wiederum ist zum Schicksal der Tiere auf der Schlachtbank oder in der Werkstatt des Kürschners nichts wirklich Neues eingefallen. Ein Minuspunkt für die drei Abrahamsreligionen. Meinen beiden Katzen ist das egal, solang sie gefüttert und gestreichelt werden. Ich spiele für sie den heiligen Franz von Assisi.

Die Richtung des Lebens. Ich bin zwar kein religiöser Mensch, meinte Wittgenstein, aber ich sehe jedes Problem von einem religiösen Standpunkt aus. Wer religiös sein will, muss sein Leben ändern oder die Richtung des Lebens.

Die Richtung des Lebens besteht für viele Menschen darin, dass sie vorankommen wollen. Deshalb wurden die Flugzeuge erfunden. Im Herbst 1908 schrieb sich Wittgenstein als Forschungsstudent an der Universität Manchester ein und begann, einen Flugzeugmotor zu konstruieren und zu bauen, der den Propeller durch Gasströme aus einer Brennkammer antreiben sollte. Sein Ingenieurdiplom hatte Wittgenstein in Berlin erworben. Er studierte nebenher die »Principles of Mathematics« von Bertrand Russell und erschien schließlich im Sprechzimmer Russells am Trinity College in Cambridge, stellte sich vor und wurde als Hörer zugelassen. Damit hatte er die Richtung seines Lebens geändert.

Sein Gefühl, auf der Welt überflüssig zu sein, war Wittgenstein deshalb keineswegs losgeworden. Während der Sommermonate 1920, nach einem Jahr tiefer Verzweiflung, arbeitete er als Gärtnergehilfe im Stift Klosterneuburg bei Wien. Waren es etwa dumme oder stumpfe Menschen, fragte sich Wittgenstein, die früher ins Kloster gingen? Wenn sie solche Mittel ergriffen haben, um weiterleben zu können, kann das Problem nicht leicht sein. Mit dem Gedanken, Hand an sich zu legen, war Wittgenstein durchaus vertraut.

Zwei seiner vier Brüder hatten den Freitod gewählt. Die Lösung des Problems des Lebens merkt man am Verschwinden dieses Problems, schrieb Wittgenstein. Ist nicht dies der Grund, warum Menschen, denen der Sinn des Lebens nach langen Zweifeln klar wurde, warum diese dann nicht sagen konnten, worin dieser Sinn bestand?

In der Geschichte der Weltreligionen spielte das Nein zum Leben, so wie es ist, die Hauptrolle. Das Problem des Lebens verschwand trotzdem nicht. Damit werde ich leben müssen. In meiner Religion wird es weder letzte Fragen noch letzte Antworten geben.

Absolute Gewissheiten

Am Steinhof. So heißt die größte Nervenheilanstalt Wiens im Volksmund. Heinz, ein alter Bekannter, ist schon mehrere Male Am Steinhof gewesen. Die Diagnose, die er mit sich in der Brieftasche herumträgt, heißt paranoide Schizophrenie. Deshalb ist er in Frühpension. Vorher war er Fernlastfahrer. Als er einmal im Gasthaus saß, blickte ihn Jesus von der gegenüberliegenden Wand an. Er hatte braune Augen, und seitdem wünscht sich Heinz, Jesus solle ihm noch einmal erscheinen. Manchmal ist Heinz niedergeschlagen und traurig. Dann begibt er sich für ein paar Tage in Behandlung, bekommt Am Steinhof Spritzen und Pulver, und fährt wieder nach Hause. Er hat auch den Teufel gesehen. Der Teufel sah aus wie ein Leguan und hatte schwefelgelbe Augen.

Vielleicht sei er vorübergehend im Jenseits gewesen, sagte ich zu Heinz. Das sei vielen Heiligen passiert, auch dem Propheten Mohammed. Heute würden sie alle Am Steinhof landen, mit der Diagnose einer Schizophrenie.

Heinz täte sich wahrscheinlich leichter, wenn er in Brasilien zu Hause wäre. Er würde seine Nachmittage in einem schön geschmückten Saal verbringen und beim Klang der Trommeln mit der Gemeinde in Verzückung fallen. Eine Priesterin würde ein Huhn über seinem Kopf abstechen, das Blut würde ihm über das Gesicht und den nackten Oberkörper rinnen, und danach würde er sich fühlen wie neugeboren. Er wäre angesehen und könnte in Ruhe alt werden, allerdings ohne Pensionsversicherung.

In Bezug auf Jesus und den Teufel ist Heinz jedenfalls kompetenter als ich. Meine Jenseitserfahrungen sind bescheidener. Ohne Jenseitserfahrungen sollte von Religion nicht die Rede sein.

Fremdwörter. Im Wien Wittgensteins, das mit Hitler unterging, attackierte man in philosophischen Kreisen die (katholische) Religion mithilfe von Bezeichnungen, die auch halbwegs belesene Menschen erst nach einem Blick ins Konversationslexikon einigermaßen verstehen: Metaphysik, Transzendenz. Gemeint waren Weltauffassungen, die auch Inhalte jenseits der wissenschaftlich erkennbaren Wirklichkeit gelten lassen. Auf der katholischen Seite agierte Karl Lueger, Mandatar der Christlichsozialen Partei und von 1897 bis 1910 Bürgermeister von Wien, genannt der schöne Karl. Er war bekennender Antisemit. Ihm wird der Ausspruch zugeschrieben: Wer ein Jude ist, bestimme ich.

Vermögende Wiener Juden wie Wittgensteins Vater verkehrten in der besten Gesellschaft und hatten vom schönen Karl nichts zu befürchten. Ein Palais mit sieben Konzertflügeln war selbstverständlich. Sohn Ludwig wurde wie seine Geschwister katholisch getauft und erkannte bereits als Realschüler, dass er mit dem kirchlichen Glauben nichts anzufangen wusste. Das Jenseits der Philosophie, mit dem er in Cambridge bekannt wurde, erwies sich auch nicht als das Gelbe vom Ei. Wittgenstein: Die meisten Sätze und Fragen, welche über philosophische Dinge geschrieben worden sind, sind nicht falsch, sondern unsinnig. Im »Wiener Kreis«, einem Zusammenschluss von Philosophen, Mathematikern und Physikern, die nach dem Ersten Weltkrieg an der Universität Vorlesungen über Wissenschaftstheorie hielten, dachte man ähnlich. Moritz Schlick, der Initiator des Zirkels, suchte und fand Gelegenheit, mit Wittgenstein ins Gespräch zu kommen, der sich wieder einmal in einer Schaffenskrise befand. Die beiden Herren freundeten sich an und verbrachten im Sommer 1933 einen Urlaub in Italien. Drei Jahre später war Schlick tot, erschossen von einem seiner Studenten auf der sogenannten Philosophenstiege der Universität Wien. Schlick galt als »Positivist«. Manchmal können auch Fremdwörter hochexplosiv wirken. Die Christlichsozialen Luegers hatten sich in die Vaterländische Front von Bundeskanzler Engelbert Dollfuß verwandelt. Sie regierte autoritär katholisch, bis zum Einmarsch Hitlers 1938. Hernach sprachen die Waffen, allgemein verständlich.

Gründerzeit. Unter Lueger wurde die Heil- und Pflegeanstalt Am Steinhof mit der Jugendstilkirche Otto Wagners errichtet, die zweite Hochquellenwasserleitung fertiggestellt, das best ausgebaute Straßenbahnnetz Europas betrieben, die Gasversorgung unter städtische Verwaltung gebracht, das Postsparkassenamt gebaut. Das alles und noch viel mehr passierte in der Gründerzeit, wie man sie nannte. Von einer Religionsgründung in Wien wird nichts berichtet. Lediglich Adolf Lanz, Herausgeber der Schriftenreihe »Ostara« für »Blonde und Mannesrechtler«, hisste zu Weihnachten 1907 auf der Ruine Werfenstein an der Donau die erste Hakenkreuzfahne der Welt. Vorher war der Mann Laienbruder im Zisterzienserkloster Heiligenkreuz bei Wien gewesen.

Meine Mutter war damals neun Jahre alt. Der Gedanke an die Gründung einer neuen Religion wäre ihr mit Sicherheit nicht einmal im Schlaf gekommen.

Der Untergang des Abendlandes. Reinhold Schneider, ein melancholischer Katholik, steht meinem Herzen nahe. Nicht wegen seiner Sympathie für die Habsburger, deren Särge in der Kapuzinergruft liegen, weshalb alle Monarchisten in Wien Kapuzinergrüftler genannt werden. Ich mag Schneider wegen seines bekümmerten Gesichts, das mich an ein Heurigenlied erinnert. Du altes Haus, schaust mich so traurig an.

Das alte Haus, das christliche Abendland. Als Schneider in Wien weilte, von Anfang November 1957 bis Anfang März 1958, begab er sich immer wieder in die Reichskleinodienkammer der Hofburg. »Die Perlen am Deckelknauf des burgundischen Hofbechers beben; es ist, als wehe Atem hindurch – und das gewiss auch in der Nacht«, schrieb Schneider in seinem letzten Buch »Winter in Wien«, das bald nach seinem Tod 1958 herauskam, mit der Grabrede von Werner Bergengruen und sechs Zeichnungen von Hans Fronius.

Im Stephansdom betrachtete Schneider den heiligen Papst Gregor an der Kanzel. »Der Zweifler hält die Hostie in der Hand, an deren Geheimnis er nicht glaubt, und schaut bittersten Blicks auf die Menge herab, die nicht einmal mehr zu zweifeln vermag.«

Zweifel ohne Grenzen, Kirche am Ende. Das Burgtheater spielte im Herbst 1958 Schneiders »Der große Verzicht«, die Geschichte des einzigen Papstes, der sein Amt niederlegte, mit Ewald Balser in der Hauptrolle. Die Frage, ob ein Heiliger herrschen darf, wurde von Schneider vertagt, bis zum Jüngsten Gericht.

So lang habe ich nicht Zeit. Eine Religion gründen wollen, ohne anderen Menschen Befehle zu erteilen, ist bislang nicht geglückt.

Und der Zweifel dringt ins alte Haus des Glaubens, durch Ritzen und geöffnete Fenster, wenn einmal gelüftet werden muss. Zweifeln heißt denken, notierte Wittgenstein. Der Befund wurde während der letzten zwei Monate seines Lebens zu Papier gebracht, in Cambridge. Die Schreibarbeit kam gut voran, trotz der Krebskrankheit des Autors. Thema war die Sinnlosigkeit endlosen Zweifelns. Was Wittgenstein dazu eingefallen war, kam nach seinem Tod als Büchlein heraus, unter dem Titel: »Über Gewissheit«.

Unter dem Datum vom 4. April 1951, drei Wochen vor seinem Tod, notierte Wittgenstein: »Ich sitze mit einem Philosophen in einem Garten; er sagt zu wiederholten Malen ›Ich weiß, dass das ein Baum ist‹, wobei er auf einen Baum in unsrer Nähe zeigt. Ein Dritter kommt daher und hört das, und ich sage ihm: ›Dieser Mensch ist nicht verrückt: Wir philosophieren nur.‹«

Wittgenstein wusste: Das »Höhere«, wie er die Angelegenheit mitunter benannte, lässt sich mit logisch sinnvollen Sätzen nicht ausdrücken. Ich kann mir ganz gut eine Religion denken, meinte Wittgenstein, in der es keine Lehrsätze gibt, in der also nicht gesprochen wird. Das Wesen der Religion kann offenbar nichts damit zu tun haben, dass geredet wird, oder vielmehr: wenn geredet wird, so ist das selbst ein Bestandteil der religiösen Handlung und keine Theorie. Dabei kommt es also gar nicht darauf an, ob die Worte wahr oder falsch oder unsinnig sind.

Schon als junger Mann hatte Wittgenstein in Wien »Die Kreuzelschreiber« von Ludwig Anzengruber gesehen. Was immer auch passieren mag, sagt eine der Personen des Stücks, mir kann nichts Schlimmes geschehen. Damit sei das Wesen religiöser Erfahrung ausgedrückt, meinte Wittgenstein. Absolute Geborgenheit.

Als das christliche Abendland noch bestens in Form war, verfasste der aus dem Piemont stammende Benediktinermönch Anselm, ab 1093 Erzbischof von Canterbury, ein Gebet, das von absoluter Geborgenheit weit entfernt ist: Noch nie habe ich Dich gesehen, Herr mein Gott. Unzugänglich ist Deine Wohnung. Mein Herz ist bitter geworden in seiner Verlassenheit.
Anselm schrieb im Zeitalter der Kathedralen. Der Verdacht, dass sie aus Trotz so hoch gewuchtet wurden, ist nicht von der Hand zu weisen. Die Lesergemeinde Anselms setzte sich aus Männern zusammen, die fünf Stunden täglich im Chorgebet verbrachten. »Auf zwingende Bitten einiger Mitbrüder hin« hatte Anselm sein trauriges Gebet niedergeschrieben, als Einleitung zum Versuch, ein sicheres Argument für die Existenz Gottes vorzubringen. Es genügt, so Anselm, den Gottesleugner darauf aufmerksam zu machen, dass mit dem Sprechakt »Gott« *id quo maius cogitari nequit* (das, worüber Größeres nicht gedacht werden kann) vorausgesetzt und damit die Existenz des Gemeinten bewiesen wird.
Anselm hatte seine Darlegung zunächst anonym zum Abschreiben freigegeben, dann aber auf ausdrückliche Weisung des Apostolischen Legaten in Frankreich mit Namen gezeichnet. Gottesgewissheit war kirchenpolitisch hochwillkommen, auch vor neunhundert Jahren. Anselms Prosa erinnert an Wittgenstein. Zum Beispiel: Als ich oft und eifrig das Denken bemühte und es mir einmal erschien, als ließe sich fassen, was

ich suchte, das andere Mal es der Schärfe des Geistes gänzlich entglitt, wollte ich endlich verzweifelnd *(desperans)* davon ablassen wie von einer Angelegenheit, die zu erledigen unmöglich wäre *(cessare ab inquisitione rei, quam inveniri esset impossibile).*

Das ist Wittgenstein pur, wenngleich eingebettet in liturgische Praxis, die Wittgenstein fremd blieb. Ansonst gehorcht das einsam denkende = zweifelnde Ich im Canterbury Anselms dem gleichen Programm wie in Wittgensteins Wien. Absolute Gewissheiten sind in diesem Programm nicht vorgesehen, unabhängig davon, ob das christliche Abendland einen Kaiser hat oder zwei oder gar keinen.

Feuer! Ein weiterer Vorläufer Wittgensteins, der französische Mathematiker und Essayist Blaise Pascal, erlebte in der Nacht vom 23. auf den 24. November 1654 eine Überwältigung der Person, die berühmt geworden ist. Pascal notierte seine Eindrücke auf zwei Zettel, die erst nach seinem Tod im Futter seines Rockes gefunden und bekanntgemacht wurden: Feuer! Gott Abrahams, Gott Isaaks, Gott Jakobs, nicht der Gott der Philosophen und Gelehrten. Gewissheit, Gewissheit. Friede. Freude, Freude, Freude und Tränen der Freude. Pascal übersiedelte ins Kloster Port-Royal und lebte danach in einer ärmlichen Wohnung, die er mit Obdachlosen teilte. Ein Stachelgürtel um den nackten Bauch sollte ihn an die Gottesgewissheit jener beseligenden Nacht erinnern, in der alle Zweifel behoben waren. Nicht nur Pascal kämpfte mit dem Problem, eine exquisite Erfahrung auf Dauer zu stellen. Überwältigende Gefühle sind flüchtig, während der innere Monolog konstant bleibt, mitsamt allen möglichen blöden Gedanken, Überlegungen, Tagträumereien. Pascal boxte sich in die Seite, wenn der Bewusstseinsstrom ins Schwätzen geriet, kniete stundenlang in den Kirchen von Paris. Sein letztes Wort: Möge mich Gott nimmermehr verlassen.

Was Pascal erlebt hatte, überkam am 9. April 1906 einen achtjährigen Negerknaben während des Gottesdienstes in Los Angeles und sprang alsbald auf die Brüder und Schwestern der kleinen Gemeinde in der Bonnie Brae Street über, was sich rasch herumsprach. Wie in Jerusalem! Das Feuer! Pastor Seymour mietete wegen des Andrangs einen größeren Gebetsraum in der Nachbarschaft, wo der Jubel weiterging, bis der Fußboden zitterte. Während der nächsten hundert Jahre wuchsen die Pfingstgemeinden auf dreistellige Millionenzahlen in Armenvierteln und vollverkabelten Versammlungshallen. Gesang und Händeklatschen, Ehrenjungfrauen, Spontanheilungen, Bibelsprüche.

Diese Religion muss nicht gegründet werden, sie ist schon da, sie hat nicht auf mich gewartet, sie blüht und gedeiht. Warum gehöre ich nicht dazu? Weil ich dann nicht mehr zweifeln darf.

Wie du bist

Nach der Premiere. Die erste Frage der Primadonna: Wie war ich? Die Antwort steht hoffentlich bald in der Zeitung. Einmalig!

Im Schlafzimmer. »Der Rosenkavalier« von Richard Strauss fängt so an: Wie du warst! Wie du bist! Das weiß niemand, das ahnt keiner! Selig bin ich, dass ich der Einzige bin, der weiß, wie du bist.
Das wird im Schlafzimmer gesungen. Durch das halbgeöffnete Fenster strömt die helle Morgensonne herein. Man hört im Garten Vöglein singen. Dann fährt Octavian auf: Warum ist Tag? Ich will nicht den Tag! Für was ist der Tag? Da haben dich alle!
Ebenfalls zwischen zwei Personen in einem Schlafgemach spielt eine Erzählung aus dem Leben des heiligen Franz von Assisi, der in seiner Vaterstadt zunächst für verrückt gehalten wurde, weil er sein komfortables Elternhaus verlassen hatte und von Tür zu Tür um ein paar Speisereste bettelte. Das wiederum weckte die Neugier eines vermögenden Mitbürgers, es kam zu einer Einladung zum Abendessen, und auch die Nacht wurde gemeinsam verbracht. Der Gastgeber stellte sich

schlafend. Da erhob sich der Heilige und fing unter vielen Tränen zu beten an, mit den Worten: Mein Gott und mein alles, bis der Morgen graute. Dies ergriff den Herrn Bernardo sehr, sodass er beschloss, hinfort gottesdienstlich zu leben. So wurde er zum ersten Gefährten des Heiligen.

In beiden Szenarien glückt die Intimität höchstpersönlicher Erfahrung erst nach einem Bruch mit den familiären Konventionen. (Während der Ehebruch im »Rosenkavalier« folgenlos bleibt, lastet auf Franziskus der Fluch seines Vaters.) Das alles ist geheim, singt die Marschallin, so viel geheim. Und man ist dazu da, dass man's ertragt. Und in dem Wie, da liegt der ganze Unterschied. Leicht muss man sein, mit leichtem Herz und leichten Händen halten und nehmen, halten und lassen. Die nicht so sind, die straft das Leben, und Gott erbarmt sich ihrer nicht.

Von Mund zu Mund. Mitunter überträgt sich deine Einmaligkeit, wie auf dem Gemälde »Der Kuss« von Gustav Klimt. Wenn niemand auf dich neugierig ist, hast du ein Problem. Dann ist es an der Zeit, wenigstens die Vögel im Park zu füttern, mit leichtem Herz und leichten Händen.

Privatoffenbarungen. Überirdische Erscheinungen und Stimmen, die an eine Menschenmenge gerichtet sind, kommen sehr selten vor. Das bekannteste Beispiel steht in der jüdischen Bibel am

Beginn der Verlautbarung der Zehn Gebote. Umwölkter Bergesgipfel, Donner und Blitze, Posaunenschall. Gesprochen wird allerdings nur zu Moses. In der Regel passiert die biblische Überwältigung der Person durch jenseitige Mächte ohne Zeugen, manchmal mitten in der Nacht, manchmal bei helllichtem Tag, immer überraschend und so eindringlich, dass sie unvergesslich bleibt und jeden Zweifel ausschließt, auch wenn ihr Auftrag unwillkommen ist. Hernach müssen die auf solche Weise Ergriffenen die Last der Erwählung tragen. Wer oder was oder wie sie früher waren, spielt keine Rolle mehr.

Weitaus manierlicher kam die Sache im Wien Wittgensteins zur Sprache, gutbürgerlich sozusagen. Eine Gießkanne, schrieb Hugo von Hofmannsthal, eine auf dem Felde verlassene Egge, ein Hund in der Sonne, ein ärmlicher Kirchhof, ein Krüppel, ein kleines Bauernhaus, alles dies kann das Gefäß meiner Offenbarung werden. Denn was hätte es mit begreiflicher Gedankenverknüpfung zu tun, wenn ich an einem Abend unter einem Nussbaum eine halbvolle Gießkanne finde, die ein Gärtnerbursche dort vergessen hat, und wenn mich diese Gießkanne und das Wasser in ihr, das vom Schatten des Baumes finster ist, und ein Schwimmkäfer, der auf dem Spiegel dieses Wassers von einem dunklen Ufer zum anderen rudert, wenn diese Zusammensetzung von Nichtigkeiten mich mit einer solchen Gegenwart des Unendlichen durchschauert, dass ich in Worte ausbrechen möchte, von denen ich weiß, fände ich sie, so würden sie jene Cherubim, an die ich nicht glaube, niederzwingen. Möchte, fände, würden. Hofmannsthal schwächt die »guten Augenblicke« seines Textes durch Wortwahlen ab, die Unsicherheit signalisieren. Die Cherubim-Engel der Heiligen Schrift haben sich in den Konjunktiv zurückgezogen. Im Übrigen lebt der Ich-Erzähler des Textes »ein Leben von kaum glaublicher Leere«, abgesehen von den »sonderbaren Zufällen«, die ihn hellhörig für die Sprache der stummen Dinge machen.

Auch Robert Musil kultivierte eine wienerische Theologie, skeptisch durchwachsen. Er umschrieb mystische Erlebnisse als einen »anderen Zustand, verbunden mit der Absicht auf Dauerferien«. In seinem unvollendeten Roman »Der Mann ohne Eigenschaften« ließ Musil den Titelhelden »heilige Gespräche« mit seiner Schwester führen, über Seelenverfassungen geheimnisvoller Art, älter als die Religionen, geeignet für einen Brückenschlag zwischen Intelligenz und Esoterik.

Nach seiner Flucht vor Hitler in die Schweiz, konfrontiert mit dem Boykott seiner Bücher durch die Nazis, schrieb Musil weiter an seiner Geistergeschichte des gottlosesten Jahrhunderts der Menschheit, das er an einem schönen Augusttag des Jahres 1913 anfangen ließ, in der Haupt- und Residenzstadt Wien. Adolf Hitler war damals bereits abgereist, nach München. Kein Wunder, dass Musil mit dem Schreiben nicht nachkam. Hitler war schneller.

Traurig, aber wahr. Nochmal die Marschallin aus dem »Rosenkavalier«, nach der Verabschiedung des Barons Ochs: Da geht er hin, der aufgeblasene schlechte Kerl und kriegt das hübsche junge Ding, als müsst's so sein. Ist doch der Lauf der Welt.
Und wenig später: Ich werd' jetzt in die Kirchen gehn.
Das wäre die sanftlebende Einstellung zum Lauf der Welt, mit der passenden Musik als Droge, und die schlechten Kerle bleiben unbehelligt.
Oder eben Widerstandsgeist, im biblischen Erbe durchaus anzutreffen, gar nicht fügsam gestimmt im Sklavenhaus der Pharaonen. Let my people go.
Im Allgemeinen war die Stellung der Häftlinge in den Konzentrationslagern Hitlers, schrieb Eugen Kogon in »Der SS-Staat«, das Ergebnis aus den Voraussetzungen Kampffähigkeit und Härte oder Weichheit und Nachgiebigkeit. Kogon war 1938 verhaftet und nach Buchenwald gebracht worden. Aus den abgründigen Zonen, so Kogon, die ich in sieben Jahren, inmitten Geblendeter und Verdammter, die wie besessen gegen jede Spur von Menschenwürde anrasten, durchwandert habe, lässt sich nichts Gutes berichten.
Im Bösen stellt sich heraus, wie du bist, ob tauglich oder untauglich für den Lebens- bzw. Todeskampf. Es gibt genug Menschen, die ohne Religion zur Prüfung antreten und sie bestehen. Deshalb die Frage, ob Religion ein Schwächezeichen sein muss.
Bitte ankreuzen:

☐ Ja
☐ Nein
☐ Weiß nicht

Die Jasager haben Marx und Freud auf ihrer Seite. Die Neinsager haben Moses und Jesus Christus auf ihrer Seite. Die Unentschiedenen sollten lieber keine neue Religion gründen.

Aber etwas fehlt

In der Klosterbibliothek. Wie ich vom Alt-Abt von Stams (Tirol), Josef M. Köll, erfuhr, verbrachte Adolf von Harnack (gest. 1930) seine Ferien mit der Familie öfter in Stams und pflegte jede Woche einmal zum Pater Bibliothekar ins Stift zu kommen, um mit ihm zigarrenrauchend über Gott und die Welt zu reden. Harnack gilt als der bedeutendste Theologe seiner Zeit und war von 1905 bis 1921 Direktor der Preußischen Staatsbibliothek in Berlin. Er schrieb: Die Religion, nämlich die Gottes- und Nächstenliebe ist es, die dem Leben einen Sinn gibt; die Wissenschaft vermag das nicht.

Im Sommer 1950 saß ich während der Sommerferien in einer Zelle des Klosters Stams und studierte die Schrift »De Ordine« von Aurelius Augustinus (gest. 430) in einem Folioband der Ausgabe von Saint-Maur aus der Stiftsbibliothek. Zwei Wegen können wir folgen, schrieb Augustinus, wenn uns die Dunkelheit der Dinge quält, dem Verstand oder wenigstens der Autorität. Augustinus gilt als Schöpfer der abendländischen Gottesgelehrtheit.

Das Kloster Stams wurde 1273 gegründet. Nach der

Lektüre in der Zelle marschierte ich in die Kirche, wo die Mönche zur Vesper zusammenkamen. Sie sangen jüdische Psalmen, auf Latein. Die Dunkelheit der Dinge war dann weniger lästig.

Gespräche mit dem Kardinal. Das Palais des Erzbischofs von Wien neben dem Stephansdom stammt aus der Barockzeit. Der Haupteingang in der Rotenturmstraße wird verschlossen gehalten. Man muss um die Ecke biegen, gelangt durch die Einfahrt eines modernen Bürohauses in den alten Arkadenhof und über eine Prunkstiege ins Vorzimmer der Räumlichkeiten für Konferenzen und Vorsprachen. Dann öffnet sich eine Tür, der Hausherr begrüßt den Besuch und deutet auf die Sitzgruppe in einem Salon mit hofseitigen Fenstern, die keinen Lärm hereinlassen.
Dort bin ich gelegentlich gewesen, wenn es etwas mit dem Chef zu besprechen gab, bis zu meiner Entlassung aus dem kirchlichen Dienst wegen unkonventioneller Auffassungen über die Entstehung des christlichen Gottesdiensts. Eigentlich müssten Sie eine neue Kirche gründen, meinte der Kardinal. So keck war ich nun auch wieder nicht und blieb katholisch. Was einer Milliarde Katholiken in Glaubensangelegenheiten durch den Kopf geht, weiß nicht einmal der Papst. Viele von ihnen basteln so wie ich an ihrer eigenen Religion herum, weil ihnen etwas abgeht. Fragt sich nur was.

Wunschlose Absicht. Mit dieser Formulierung endigt mein Büchlein über das Beten. Jetzt kommt die Fortsetzung. Meine Religion ist wunschlos, aber nicht glücklich. Sonst hätte ich keinen Grund, mich vor dem Schlafengehen zu sammeln und meine gute Absicht zu aktivieren. Das ist alles, was von dem übriggeblieben ist, was früher »geistliches Leben« genannt wurde und mich bis zu meinem Abschied von der Amtskirche diszipliniert und gelegentlich beglückt hat. Die Frage, ob ich an Gott glaube, setzt mich in Verlegenheit. Ich weiß es nicht.
Der religiöse Mensch kann gar nicht anders: Er muss, sobald er nicht mehr ganz und gar Kind ist und ein ganz und gar kindliches Bild vom »lieben Gott« hat, Atheist werden. Diese Feststellung des Religionsphilosophen Peter Strasser, mit dem ich befreundet bin, beunruhigt mich. Gottlose Religiosität?
In der Familie des Vollends Erleuchteten wird sie längst praktiziert. Soll ich Buddhist werden?
Lieber nicht, meint der Dalai Lama und rät eher zum Verbleib in der eigenen Kultur. Was Hänschen nicht lernt, lernt Hans nimmermehr.

Ein Rat aus der Ferne. Man meditiere über den eigenen Körper, der von der Haut wie von einer Wand umgeben ist, dass in seinem Innern nur Leere ist. Dann erlangt man einen Zustand, der alle Gegenstände der Meditation übersteigt.
Bettina Bäumer, der sich die Übersetzung dieser Anlei-

tung aus dem Sanskrit einer indischen Schrift aus dem Mittelalter verdankt, erinnert in ihrem Kommentar an den Vergleich des eigenen Körpers mit einer Burg, die von einer Mauer geschützt wird. Wenn die Wahrnehmung des eigenen Körpers nach einiger Übung gegen Null geht, könne das als Beseligung erlebt werden.

Ohne kompetente Begleitung durch einen erfahrenen Trainer, fügt Bäumer hinzu, seien solche Deprogrammierungen in der Regel kaum zu absolvieren. Deshalb hat die Autorin ihr Buch dem »Meister« Swami Lakschman Joo (gest. 1991) gewidmet, der in Srinagar (Kaschmir) wirkte und dessen Schülerin sie war. Sie hat einen ständigen Wohnsitz in Varanasi (= Benares), leitet gelegentlich Seminare mit Meditationsübungen in Europa und ist Gastprofessorin an der Universität Wien.

Am Ende des Traktats, den sie herausgegeben hat, steht eine Warnung: Man soll dieses Wissen niemals beliebig irgendjemandem weitergeben, nicht den Schülern einer anderen Tradition, nicht den bösen und grausamen Menschen. Vielmehr soll man es ohne zu zögern denen weitergeben, deren Gedanken frei von zerstreuenden Vorstellungen sind, geistigen Helden, großmütigen Seelen!

Jedes Jahr im September versammelt sich die Gemeinde des Swami Lakschman Joo in einem Aschram zum Feueropfer am Todestag ihres Gurus. Es handelt sich um etwa hundert Personen.

Für den Anfang mag das genügen.

Im Reisebüro. Ein Flug nach Indien wäre erschwinglich. Vom Dach der Welt hätte ich einen besseren Überblick. Ob ich nach ein paar Wochen weiß, was mir fehlt, steht allerdings in den Sternen.
Was mir auf keinen Fall erspart bleibt, ist ein Trainingsprogramm für gottloses Denken, unter dem Motto: Alle meine Sorgen haben Zeit bis morgen.

Nichts für Kinder

Familienstand. Ledig, keine Kinder. Verheiratete sollten keine Religion gründen, weil die Sippschaft immer Probleme macht, wie der Islam zeigt. Verwitwet ist die zweitbeste, geschieden die drittbeste Lösung.

Kleine Anarchisten. Sie machen sich ständig nass, brüllen, wenn sie hungrig sind, mögen Kot und Exkremente, quälen Tiere. In welchem Alter sie religionstauglich werden, ist umstritten. Vor dem Eingang zur Großen Moschee in Muscat (Oman, eröffnet 2001) steht eine Tafel: Children below 10 years are not allowed.

Hört ihr die Kinder weinen. In der guten alten Steinzeit wussten die Leute genau, wie man Pubertierenden möglichst drastisch den Ernst des Lebens beibringt. Man schnitt ihnen die Vorhaut oder die Klitoris ab, bedrohte sie mit maskierten Schreckensgestalten, verprügelte sie, isolierte sie, ließ sie hungern und in der Wildnis herumirren, bis sie schließlich aufgeklärt waren. Ich weinte und weinte unter meiner

Decke, so erinnerte sich eine Hopi-Indianerin, weil ich mich zum Narren gehalten fühlte. Ich hasste meine Eltern bei dem Gedanken, ihren Geschichten nie wieder Glauben schenken zu können.
Seit der Einführung der Schulpflicht erfolgt die Aufklärung der Kleinen über einen Zeitraum von mindestens zehn Jahren hinweg, mit Prüfungen und Zeugnisnoten in Fülle, zum Zweck andauernder Ängstigung. So werden aus ihnen Erwachsene, die nicht mehr ans Christkind glauben.

Hänsel und Gretel. So gesehen lassen sich manche Märchen als Deprogrammierungen lesen, in denen sich eine nette alte Oma als Menschenfresserin entpuppt.
Dass Märchen nur für Kinder ausgedacht wurden, ist ein weiteres Märchen der Gebrüder Grimm. Im alten Indien zum Beispiel gehörten Märchen zum Unterrichtsprogramm der Priesterausbildung. Der Zaun zwischen Harry Potter und der Bibel hat viele Löcher. Das ist gut für meine Religion. In ihr dürfen Engel und Teufel, Hexen und Zauberer, Einhörner und Drachen auftreten, solange sie für mich nicht wichtiger werden als meine Lieben, meine Leberwerte und der Briefträger mit den nächsten Steuerbescheiden.

Erinnerungslücken. Meine Unzufriedenheit mit dem religiösen Erbe könnte in das Bild einer weitverbreiteten und noch kaum erforschten Krankheit passen, die seit dem rasanten Erfolg des Buchdrucks zuerst in Europa aufgetreten ist – der allmählichen Zersetzung des kulturellen Gedächtnisses *(amnesia collectiva).* Unsere Kleinen werden mit lexikalischem Wissen vollgestopft, das keinen Unterschied zwischen belanglosen und lebensnotwendigen Informationen macht. So verlernen sie, ob sie wollen oder nicht, den Respekt vor unverbrüchlichen Wahrheiten. Als Erwachsene spüren sie vielleicht, dass ihnen etwas fehlt – jene gebieterischen Stimmen der Altvorderen, die man nicht vergessen durfte. Sie gingen von Mund zu Mund, und je heiliger sie waren, desto weniger durften sie verändert werden. Was die Mütter ihren Töchtern weitersagten, ging die Männer nichts an, was die Häuptlinge wussten, blieb den Frauen verborgen. Väter legten dem Erstgeborenen die Hände auf den Scheitel, und was dabei gesprochen wurde, behielt seine Gültigkeit.

Wie stark der Widerstand war, die alte Ordnung der Dinge gegen den Buchdruck in Schutz zu nehmen, lässt sich an der Kulturpolitik der Hohen Pforte in den Ländern des Osmanischen Weltreichs während der ersten dreihundert Jahre nach der Verbreitung der Druckerpresse erkennen. Das Verbot, den Koran zu drucken, blieb bis 1828 in Kraft. Hernach ging es mit der Gottergebenheit auch im Islam eher bergab.

Mittlerweile hat jeder Mensch einen Fotoapparat zum Festhalten persönlicher Erinnerungen. Das öffentliche Interesse wiederum bedient sich aus allwissenden Speichern, deren Kapazitäten wie ein Wunder anmuten.

Die Speicher erinnern sich an alles und können nichts damit anfangen, weil sie kein Bewusstsein haben.
Für die User hingegen, wenn sie eine Religion gründen wollen, eröffnen sich unglaubliche Spielmöglichkeiten. Sie betreten ein Schatzhaus voll von Merkwürdigkeiten, eine weitläufige Wunderkammer, belebt von Neugierigen, die Gestriges und Morgiges bestaunen. Niemand hindert sie, eine beliebige Nachricht aus dem Menschheitsgedächtnis mit einer anderen zu kombinieren und zu überlegen, ob das Ergebnis etwas taugt. Dabei kann es selbstverständlich passieren, dass sich die allerneueste Religion als Kopie einer längst vergessenen Sekte aus dem mittelalterlichen Usbekistan erweist.

Auszählreim. A be bu, draußt bist du. Was Kinder spielend lernen, können sie später ohne weiteres erleben, wenn die Polizei vor der Tür steht oder der Notarzt. Dann zeigt sich, ob der Religionsunterricht etwas genützt hat. Dann sind die Unterschiede zwischen Vorgeschichte, Frühgeschichte, Altertum, Mittelalter, Neuzeit, Moderne, Postmoderne belanglos. Wer noch nie ausgezählt wurde, braucht keine Religion zu gründen.

Schweigepflicht

Im Fernsehen. Über die Reichweite dessen, was mir durch den Kopf geht, sollte ich mir keine Illusionen machen. Selbst wenn ich die Chance bekomme, meine Religion zur besten Sendezeit einem Millionenpublikum verständlich zu machen, werden sich höchstens zwei Dutzend Interessierte bei mir melden, alle mit einem schweren Dachschaden.
So ist das eben. Jede Religion muss klein anfangen.

Zukunftsaussichten. Dabei liege ich voll in den Megatrends Spiritualität und Individualisierung. Hinkünftig, so ist zu erfahren, wird jede Person ihre eigene Religion gründen. Dabei gilt die Regel: Nix ist fix. Dies deshalb, weil heutzutage aus einem Grünschnabel rasch ein Multimillionär werden kann, wie Bill Gates vorgemacht hat. Oldies im Rentenalter erwerben ein Doktorat in Völkerkunde, Singles verwandeln sich in Psychotherapeutinnen. Öfter mal was Neues, wie im Supermarkt. Unerlässlich dabei ist eine gewisse Lebhaftigkeit bis ins hohe Alter, wenn kein Alzheimer dazwischenkommt. Individualisierung heißt Unverwechselbarkeit, wie bei Aspirin. Deshalb werden Marken geschützt. Und wer wird meine Religion schützen?

Schleiertänze. Friedrich Schiller hatte eine gute Nase für alles Esoterische, das zu seiner Zeit die wundersamsten Blüten trieb. »Ein Jüngling«, schrieb der Dichterfürst, »den des Wissens heißer Durst nach Sais in Ägypten trieb, der Priester geheime Weisheit zu erlernen, hatte schon manchen Grad mit schnellem Geist durcheilt.« Doch das Unglück schreitet schneller. Auf die Frage des Novizen, was sich hinter dem Schleier über dem Standbild der Isis verberge, kommt die eher lakonische Antwort: Die Wahrheit. Und freilich auch die strenge Warnung, mit »ungeweihter Hand« die Verhüllung zu entfernen. Eben dies tut der Unselige, wird besinnungslos und bleich vom Tempelpersonal gefunden, schweigt hartnäckig über sein Erlebnis, versinkt in Melancholie und stirbt früh. Fazit: »Weh dem, der zu der Wahrheit geht mit Schuld! Sie wird ihm nimmermehr erfreulich sein.«
Weitaus unbefangener machte sich Helena Blavatsky, Mitbegründerin der Theosophischen Gesellschaft, an die Lösung der letzten Fragen, als sie ihr umfangreiches Hauptwerk unter dem kecken Titel »Isis entschleiert« veröffentlichte, im Jahr 1877.
Schluss mit der modernen Mystagogie war damit freilich noch lange nicht. Es erschien Rudolf Steiner, Publizist und Goethekenner, trat 1902 in die Theosophische Gesellschaft ein und startete 1913 seine

Anthroposophische Gesellschaft, die in Dornach bei Basel ihr Zentrum erhielt. In seiner »Geheimwissenschaft« lehrte Steiner den Ursprung der Welt aus einem geistigen Wärmeelement, in dem erhabene göttliche Wesen (z.B. Seraphine und Cherubine) wirksam waren.

Und so weiter, hinunter in die Tiefenpsychologie Jungs, hinauf zu den Höhen der Seinsphilosophie Heideggers. Das Unbegreifliche als klare Schranke und Verhüllung.

Ein gewisser Charme lässt sich diesem Angebot exklusiven Orientierungswissens nicht absprechen, höhere Schulbildung vorausgesetzt. In den letzten Jahrzehnten hat die Nachfrage zugenommen, bedient von einschlägigen Verlagen und Zeitschriften, was zu einem mächtigen Wortschwall führte und zum Verlust der Verschwiegenheit, ohne die es keine Geheimlehren geben kann. Praktizierte Esoterik ist nicht in den Buchhandlungen und Bibliotheken der Industrieländer zu finden, sondern in den Ausbildungseinrichtungen terroristischer Netzwerke unter dem schützenden Dach muslimischer Andächtigkeit.

Die abweichende Mehrheit. Marx hat leider danebengegriffen, als er Religion mit dem bestimmten Artikel versah. Er betrachtete einen bunten Teppich und übersah dabei, dass er aus unzähligen Stoffresten zusammengenäht war. Während Feldherren und Terroristen sich über Landkarten beugen und Territorien wahrnehmen, deren Grenzen geschützt sind und deren Bewohner ein Heimatrecht haben, beobachten Durchreisende das Vielerlei lokaler Sitten und Gewohnheiten, Dialekte, Kochrezepte. Kirchtürme oder Moscheen, als Merkmale obrigkeitlicher Kontrolle, helfen dem Kartographen beim Zeichnen eines Weltbildes der Religionszugehörigkeit. Was in den Köpfen derer vorgeht, die sich pflichtgemäß zum Gebet versammeln, entzieht sich der Statistik. Normalität erweist sich als nützliche Fiktion, Abweichung von der Regel als Realität. Sie wird dann verschwiegen, wenn sie exkommuniziert worden ist.

Schmutziges kleines Geheimnis. Auch Freud griff daneben, als er Religion als infantile Wunschbefriedigung abtat. Ohne es zu wollen, geriet er damit in die Gesellschaft der asketischen Priester, die so gern durch das Schlüsselloch des elterlichen Schlafzimmers spähen. Ihre Wissbegier hat den Beichtstuhl und die heilige Inquisition erfunden, unter dem Motto: Sagt alles.

Das taten die Leute, und mittlerweile ist Sex so allgegenwärtig wie Gott geworden – und ebenso geheimnisvoll geblieben, aller Aufklärung zum Trotz. Auch Kant hat danebengegriffen, als er Religion im Stirnlappen des Hirns entdeckte.

Als Frau darf ich, wie gesagt, mit meiner Religion ganz von vorne anfangen, also bei Adam und Eva. Und was muss ich lesen? Adam wurde zuerst erschaffen, dann

erst Eva. Und nicht Adam ließ sich verführen, sondern das Weib ließ sich betrügen und kam zu Fall.
Das steht als Tatsachenbehauptung in der Bibel und hat den Frauen einen Minderwertigkeitskomplex eingebrockt, obwohl es nicht wahr ist. Stimmen mag allenfalls, dass dichtkundige Kamelzüchter vor dreitausend Jahren eine Geschichte vom Paradies erzählten, die das Geschlechterverhältnis männerfreundlich regulierte.
Aurelius Augustinus, auch nicht auf den Mund gefallen, berief sich auf diesen Mythos, um jede sexuelle Regung als sündhaft abzustempeln, und hatte Erfolg damit, in der Liebesgeschichte des christlichen Abendlandes.
Bis zu dem Tag, an dem 1945 zwei oberägyptische Bauern ein Tongefäß voller Ketzereien ausgruben, wie durch höhere Fügung, damit die alte Religion wieder ganz von vorne anfangen kann.

Ein gutes Zeichen. Selten, aber doch taucht in der ägyptischen Ketzerbibliothek die Erinnerung an ein weibliches Lachen auf, das in der ernsten Religionswelt wie eine Entgleisung wirkt. In der »Schrift ohne Titel« erscheint Eva zunächst als alleinerziehende Mutter ohne männlichen Erzeuger. Sie ist es, ganz im Gegensatz zum biblischen Text, die ihr männliches Ebenbild zum Leben erweckt und unter dem Baum der Erkenntnis entdeckt, wie schön die Liebe sein kann. Lachen muss sie über die Geschichte, sie sei aus der Rippe des Mannes gemacht worden.

Die altchristlichen Bibelrunden, in denen derlei Pointen zirkulierten, darf man sich eher in nobler Umgebung vorstellen als in den Armenvierteln. Alphabetisiert war damals in der Regel nur die Oberschicht und deren bedienstetes Lehrpersonal. Auch die Damenwelt, die zur römischen Kaiserzeit in esoterischen Traktaten blätterte, wird sorgenfrei gelebt haben, vermögensrechtlich geschützt und nicht daran interessiert, im Kindbett zu sterben. Es hat lange gedauert, bis diese gebildete Frömmigkeit in breitere Kreise dringen durfte. In Persien wurde sie zu einer Jugendbewegung, inspiriert vom Programm des adligen Mani, der sich in einer Linie mit Buddha, Zarathustra und Jesus sah und als definitiv letzter Wahrheitsmund eine beachtliche Anhängerschaft um sich sammelte. Sie wurde alsbald von Diokletian, später von christlichen und muslimischen Religionsbehörden verboten. Anerkannt hingegen und zur Staatsreligion erhoben waren die Mani-Gemeinden im türkischen Uigurenreich, während sie in Südfrankreich als albigensische Ketzerei ausgerottet wurden.

Trotzdem lebte die frauenfreundliche Geistlichkeit als Klosterlektüre heimlich fort, kirchenamtlich verunglimpft als trügerische »Gnosis«, als angemaßtes Geheimwissen der alten Schlange im Paradies, welche der Eva den Apfel schmackhaft gemacht hatte.

Das Licht vom Himmel lässt sich nicht versprengen, dichtete Nikolaus Lenau 1842 in seinem Versepos »Die Albigenser«, als sich die bürgerliche Welt langsam, aber sicher unter den Kanzeln zu langweilen begann. Zwar gab es sie immer noch, die Religion mit bestimmtem Artikel, aber gelegentlich wurde über sie auch offen gelacht, wenn »Die fromme Helene« von Wilhelm Busch auf dem Tisch lag. Ja, und schließlich wurden die Röcke kürzer. Wie sich nackte Frauenbeine mit Religion vertragen, wird sich hoffentlich bald herausstellen. Dann bin ich eine weitere Sorge los.

Kosmopolis

Ein wenig Geographie. In meinem Atlas der Religionsgründungen stecken Nadeln mit Köpfen in verschiedenen Farben. Gold ist für kosmopolitische Religionen reserviert, Silber für kontinentale, Rot für regionale Stiftungen. Ausgestorbene Religionen sind nicht berücksichtigt. Die Nadeln sind dort platziert, wo die betreffende Religion zuerst auftrat. Zweck der Übung ist die Feststellung von geographischen Häufungen. Dabei stellt sich heraus, dass im sogenannten fruchtbaren Halbmond zwischen Ägypten und dem Zweistromland vor fünftausend Jahren eine Menge passiert ist, während in Afrika, Europa und den beiden Amerikas lange nicht viel los war. In England, wo die Industrialisierung erfunden wurde, stecken viele rote Köpfe, auch in den USA. Religionen, die erst hundert Jahre alt sind, werden mit einer violetten Nadel markiert. Ob sie etwas taugen, bleibt abzuwarten.

Das gilt auch für meine Religion. Die nachhaltigste Religionsidee hatte ein junger Mann auf dem Thron Ägyptens im Jahr 1350 v. Chr. Er ließ seinem Eingott in Karnak einen Tempel bauen und strafte die restliche Götterwelt mit Verachtung. Auch die Null-Religion, als Alternative zum Eingottglauben, ist längst in Bewegung gesetzt worden, vom edlen Herrn Gotama, dem vollends Erwachten. Vom Religionsbetrieb hat er nichts gehalten.

Boutique oder Warenhaus. Weltreligionen wie das Christentum und der Islam sind mit Warenhäusern verglichen worden. Sie verfügen über eine breite Palette von Angeboten für alle Altersstufen und sozialen Schichten zu relativ billigen Preisen, mit vielen Niederlassungen und geschultem Personal. Der Islam expandiert gegenwärtig in Europa, zum Kummer des Papstes, der eine »Neu-Evangelisierung« propagiert.
Auf diesem Markt habe ich keine Chance. Meine Religion gleicht eher einer kleinen Boutique mit sorgfältig ausgewähltem Sortiment. Auch damit habe ich Arbeit genug.

Führerbefehl. Die direkte persönliche Beeinflussung stellt immer noch die beste aller Marketingtechniken dar. Das lässt sich, selbst im Multimediagetöse der Werbewirtschaft, ohne weiteres auch auf Religionsgründungen anwenden. Die Botschaft überträgt sich von Mund zu Mund, zunächst im engsten Kreis der Verwandten und Bekannten. Schön wäre es zu erfahren, was Jesus seiner Mutter erzählt hat, als er von der Taufe im Jordan nach Hause kam. Einen gelehrten Vortrag wird er kaum gehalten haben. Über-

liefert ist lediglich die Antwort Mariens: Alles, was er euch sagt, das tut.
Ein fernes Echo auf diesen Rat der Gottesmutter war unter Hitler zu hören: Führer befiehl, wir folgen dir. Er war am gefährlichsten, meinte Albert Speer über seinen Bauherrn, wenn er ganz leise sprach.
Meinem Religionsatlas fehlen, fast hätte ich darauf vergessen, noch ein paar Nadeln mit schwarzen Köpfen.

Land des Lächelns. Eine der Nadeln mit violettem Kopf für meinen Religionsatlas steckt in Poona (Indien), wo Bhagwan Schri Rajnisch 1974 einen Aschram einrichtete, mit dem Vorsatz, sich nicht um die Armen, sondern um die Reichen zu kümmern. Bhagwan legte sich im Lauf der Zeit 93 Rolls Royces zu, die ihn weltbekannt machten, übersiedelte 1981 mit 5000 Getreuen auf eine Ranch in den USA, kehrte nach dem Scheitern dieses Projekts nach Poona zurück und ließ sich fortan Oscho nennen. Seine zeitweilige Sekretärin Ma Anand Schila schrieb in ihren Lebenserinnerungen: Bhagwan propagierte eine Synthese zwischen Zorba und Buddha. Zorba repräsentiert die Erde und das Leben, Buddha steht für die göttliche Bewusstheit. Bhagwan wollte die Polaritäten zwischen Mann und Frau auflösen. Er wollte Sex und Samadhi zusammenbringen.
Mit dieser noblen Absicht war der exzentrische Inder seiner Zeit weit voraus. Als er 1990 starb, war seine Stiftung auf dem Weg zu einem Wellness-Quartier der

allerfeinsten Art, in dem jährlich 200 000 Gäste aus aller Welt für ein paar Tage oder Wochen ihre innere Leere kurieren und lernen, über sich und die Welt zu lachen. Die höchste religiöse Eigenschaft ist der Sinn für Humor, meinte Bhagwan-Oscho. Das ist ein erfreulicher Gedanke, der sich freilich nur zögerlich herumspricht, trotz der vielen Millionen verkaufter Oscho-Bücher. Tiefgläubige Selbstmordattentäter zum Beispiel machen um das International Meditation Resort in Poona vorläufig einen großen Bogen.

Angebot und Nachfrage. Marktwirtschaftlich betrachtet lässt sich Religion als Ware auffassen, die der Kundschaft die Konfrontation mit vernunftwidrigen Lebensumständen erleichtert. Manchmal können religiöse Überzeugungen das Leben kosten, wie im Fall des Herrn Jesus der Christenheit. Die Bereitschaft zum Martyrium ist zwar den meisten Leuten unheimlich, aber sie haben gelernt, sich unter Umständen im Bild des Gekreuzigten wiederzuerkennen, wenn es ihnen schlecht geht. Das kommt billiger als die Blutzeugenschaft. Deshalb die Frage, ob Religion den Einsatz des eigenen Lebens verlangt.
Bitte ankreuzen:

☐ Ja
☐ Nein
☐ Weiß nicht

Die Jasager finden Gesinnungsverwandte in den japanischen Kamikaze-Fliegern des Zweiten Weltkriegs. Die Unentschiedenen könnten Probleme mit verdrängten Schuldgefühlen bekommen. Die Neinsager haben die besten Chancen auf dem Weltmarkt der Wellness-Religion.

In Kosmopolis ist alles frei und nichts gratis – Meinungen, Religionen, Moden, Künste. Überall stehen Museen, Stadien, Parlamente, Börsen, Konzertsäle, Universitäten, Kirchen, Bahnhöfe, Flughäfen, Einkaufsmärkte bereit, miteinander verbunden durch Schnellstraßen und unterirdische Kabel, um die Nachfrage zu bedienen, auch die nach dem Sinn des Lebens.

Marktwirtschaftlich betrachtet erweist sich der Sinn des Lebens als knappes Gut, solang der Tod nicht abgeschafft ist. Dementsprechend teuer müssten brauchbare Sinnstiftungen zu stehen kommen. Deshalb werden in Kosmopolis so viele neue Religionen gegründet, mehr als je zuvor, und verschwinden wieder vom Markt, nach der Regel: Öfter etwas Neues. Dabei handelt es sich so gut wie immer um Varianten der beiden Prototypen religiöser Sinngebung, des Eingottglaubens aus Ägypten und des Null-Programms aus Indien. Ein Hybridmodell, das die Eins und die Null zur Synthese bringt, konnte bislang noch nicht entwickelt werden. Es wäre sicher ein Welterfolg.

Diese Nuss werde ich kaum knacken. Während der letzten fünftausend Jahre sind geschätzte zweihunderttausend halbwegs erfolgreiche Religionen gegrün-

det worden. Wenn ich meine Religion für mich behalte, finde ich keinen Platz in dieser Statistik. Ich muss mindestens eine weitere Person von meiner Religion überzeugen, um in die Religionsgeschichte einzugehen bzw. ins Fernsehen zu kommen. Will ich das?
Bitte ankreuzen:

☐ Ja
☐ Nein
☐ Weiß nicht

(Die richtige Antwort ist NEIN.)

Einkaufsbummel. Wie aus Marktforschungen der letzten Jahrzehnte in den USA hervorgeht, rekrutiert sich die Klientel neureligiöser Vereinigungen aus den multikulturellen Milieus kosmopolitischer Großstädte. Was sich dort abspielt, erinnert an das alte Rom zur Zeit Neros, als in der Ewigen Stadt zwei jüdische Prediger mit ihrer Geschichte von einem Gott auftauchten, der ans Kreuz genagelt wurde und aus der Unterwelt wiederkam. In der Regel wurden Petrus und Paulus ausgelacht. Die damalige Bevölkerung Roms (650 000 Einwohner) war in religiöser Hinsicht recht verwöhnt, mit Dutzenden Kulten und Sekten als Ergänzung zur offiziellen Priesterdienstlichkeit in den Staatstempeln. An den Straßenecken predigten Weisheitslehrer aus Asien, auf dem Forum warteten Verkäufer von Zaubermedizinen und heilkundige Gesundbeterinnen. Unter Soldaten waren Einweihungen in die Mysterien des Mithras beliebt, die besseren Kreise fühlten sich eher zur göttlichen Isis hingezogen. Ähnlich bunt geht es gegenwärtig in San Francisco und Umgebung zu, besonders seit den lebhaften Achtundsechzigerjahren, als die neureligiöse Szene so richtig in Schwung kam, unter Blumenkindern und zugewanderten Japanern, die neugierig auf frische Seelenkost waren. Seitdem floriert der religiöse Supermarkt, nicht nur am Golden Gate, auch im Internet. Und nirgendwo ein Kaiser wie Konstantin der Große, der in das weltanschauliche Durcheinander eine imperiale Ordnung bringt.

Der Vorteil dabei: Wer den Glauben verloren hat, kann sich ohne weiteres einen neuen besorgen. Selbst jene, die mit Religion bislang nichts am Hut hatten, finden das eine oder andere Schnäppchen. Selbstverständlich ist auch für Atheisten, Naturalisten, Kommunisten, Spiritisten, Fundamentalisten, Anarchisten, Nihilisten, Exorzisten, Terroristen, Sozialisten, Sadisten, Okkultisten etwas auf Lager. Verzweifelte Eltern, deren Kinder in einer obskuren Sekte gelandet sind und jeglichen Kontakt verweigern, haben sich längst vernetzt und kämpfen gemeinsam gegen die vermeintlichen Verführer. Bei schweren Depressionen helfen Medikamente und eine psychotherapeutische Betreuung. Es ist für alle gesorgt, nur nicht für mich.

Im Vertrauen gesagt. Um die Zukunft von Kosmopolis (Armut, Umwelt, Aids) sollen sich Bill Gates und Bill Clinton kümmern. Ich habe andere Sorgen. Das Heil meiner Seele hat Vorrang.

Ferien vom Ich

Stilles Vergnügen. Religionsgründer und ihre weiblichen Kopien müssen über ein starkes Ego verfügen. Ich auch. Nie habe ich gelernt, einfach dazusitzen und in die Luft zu schauen. Stets das Gefühl, etwas erledigen zu müssen, unter Beobachtung zu stehen. Immer in Gedanken. Meine Katzen sind von dem Lärm, den meine Gedanken machen, unbeeindruckt. Sie wollen gefüttert werden.

Leichte, stirnseitige Kopfschmerzen, wie sie gelegentlich das morgendliche Aufwachen beeinträchtigen, lassen sich bei gutem Willen auch ohne Aspirin ertragen. Aber störend wirken sie doch. Wenn dann, an einem guten Tag, in der Tiefe des Leibes etwas erwacht, das im Gehirn als Suppenhunger registriert wird, und die Kopfschmerzen nach Einnahme des Süppchens verschwinden, hat sich das Leben zum Besseren verändert. Es genügt, einen Löffel Butter im Geschirr zerschleichen zu lassen, Mehl beizufügen und umzurühren, nach erfolgter Bräunung mit siedendem Wasser aufzugießen, zu salzen, mit Kümmel zu würzen und das Gericht eine gute Viertelstunde köcheln zu lassen. Dann ist das Frühstück des heiligen Augustinus auf

dem Tisch, die zu seiner Zeit allgemein übliche Mehlsuppe. Leider hat der Kirchenvater nie selbst gekocht, was seiner Religion anzumerken ist.
Die Zubereitung einer guten Suppe bringt in der Regel den inneren Redefluss zum Verstummen. Ein anständiges Gulyas zum Beispiel verlangt eine gewisse Aufmerksamkeit bereits beim Rösten der geschnittenen Zwiebeln, damit sie nicht anbrennen. Sie müssen unbedingt vom Feuer genommen werden, ehe der gemahlene Paprika dazukommt, um einen bitteren Geschmack zu vermeiden. Das nötige Fleisch sollte von der Rinderwade kommen, würflig geschnitten. Aufgegossen wird mit reichlich frischem Wasser. Die Verwendung von Schweineschmalz ist in letzter Zeit umstritten, die Zugabe von rohen Kartoffeln gegen Ende des Kochvorgangs hingegen nicht.
Gestört wird meine Freude am Gulyaskochen nur durch den Gedanken an die Toten bei Wutausbrüchen in gemischt religiösen Gegenden Indiens, wo ein Gerücht über den Antransport von Rindfleisch genügt, um Hindus gegen Muslime aufzubringen.

Im Gebirge. Die österreichische Künstlerin Auguste Kronheim erzählte mir vor Jahren, wie sie sich einen Herzenswunsch erfüllte und nach Katmandu flog, um ihr seelisches Gleichgewicht auszutarieren. Sie fand nach einigem Suchen ein Gebirgsdorf und machte dort ein Vierteljahr hindurch täglich ein paar hundert Verbeugungen, mit der Stirn bis zum Boden. So zufrieden wie damals war ich schon lange nicht, sagte sie. Eine Religion gegründet hat sie deshalb meines Wissens nicht. Als sie mich wieder einmal besuchte, trug sie eine Art Nonnengewand, wie es in Nepal üblich ist. Vielleicht brauchte sie es, um in Österreich nicht wieder unglücklich zu werden.

Pom-Pom. In seinen unterhaltsamen und hintersinnigen Büchern über den Zen-Buddhismus erzählte der niederländische Krimi-Autor Janwillem van de Wetering die Geschichte eines berühmten Zen-Meisters, der nach jahrelangem Training im japanischen Kyoto sein Kloster verließ, im Dirnenviertel landete und dort die unwiderrufliche und vollkommene Erleuchtung erlangte. Zenpriester sind nicht zum Zölibat verpflichtet. Van de Wetering selbst lebte als junger Mann zwei Jahre lang in Kyoto, wurde von einem Meister aufgenommen und lernte die Kunst des Meditierens nach den einschlägigen Traditionen aus dem Mittelalter, die das herkömmliche Selbstbewusstsein so lange blamieren, bis es die Waffen streckt. Gelegentlich kletterten die Mönche des Klosters, in dem Van de Wetering übte, zur Schlafenszeit über die Einfriedungsmauer, um mit den Freudenmädchen *pompom* zu machen. Das war der Ausdruck für ein Sandwich aus zwei aufeinander gelegten Brotscheiben mit etwas Butter oder Marmelade dazwischen. Im Japanischen gibt es fünfundsechzig verschiedene Bezeichnungen für bezahlte weibliche Begleitung, aber nur

eine für Erleuchtung. Geistlich betrachtet wäre *pompom* dann eine Gelegenheit, für kurze Zeit Ferien vom Ich zu machen. Mehr nicht.
Aber auch nicht weniger.

Privatissimum. Die Abwertung des Liebesaktes durch Aurelius Augustinus hat sich als langer Schatten über das christliche Abendland gelegt. Wie die meisten Männer aus der Oberschicht seiner Zeit schämte sich der Kirchenvater über den Kontrollverlust seines Ego beim Geschlechtsverkehr, den er als Erniedrigung erlebte.
Kompensiert hat Augustinus sein Scheitern in der gewöhnlichen Zweierbeziehung mit dem grandiosen Entwurf einer neuen Art von Intimität, in der Gott seine Ansprechperson wurde.
Sero te amavi, diktierte Augustinus den Schnellschreibern in der bischöflichen Residenz von Hippo Regius (heute Annaba, Algerien), wo er vierzig Jahre lang wirkte. Spät habe ich dich geliebt, du immer alte, immer neue Schönheit. Du warst innen, ich außen. Du warst bei mir, ich nicht bei dir. Du riefst nach mir, und dein Geschrei durchbrach meine Schwerhörigkeit. Dein Glanz vertrieb meine Blindheit. Deinen Duft habe ich gerochen, gekostet habe ich dich, du hast mich liebkost und ich schmolz dahin.
Die erotischen Lyrismen dieser berühmt gewordenen Passage wurden von den Mönchen der Abtei Gloucester (England) vor tausend Jahren im Chor gesungen,

zur Blütezeit des gregorianischen Chorals. Was die Klosterbrüder dabei empfanden, wurde *amor dei* genannt und von den spirituellen Autoritäten als *dulceco* beschrieben, der unverwechselbar süße Geschmack im Mund während einer frommen Entraffung.

Augustinus selbst hat seine »Bekenntnisse« ein tränenreiches Buch genannt. Das Weinenkönnen hat er als Wohltat empfunden, trockene Augen als Mangel. Spät aber doch hatte er gefunden, wogegen er sich gesträubt hatte, das hieß manchmal *veritas* (Wahrheit) und tröpfelte in sein Herz hinein, während des Gottesdiensts in der Basilika von Mailand. Oder eben *deus* (Gott), angesprochen mit dem freundlichen Du und wirksam im Privatissimum des Seelenlebens *(interior intimo meo),* reserviert für die geheimsten Regungen der Person.

Wenn diese Herzkammer leer ist, so Salman Rushdie, ein in Religionsangelegenheiten eher spottlustiger Autor, dann gibt es ein krankmachendes Loch im Vitalbereich *(a vacancy in a vital inner chamber).* Dann werden Ferien vom Ich zum Problem, dann möchte der Mensch wenigstens ins Fernsehen kommen und bleibt dabei rastlos, will womöglich ewig leben und starrt auf den Tod, der keine Gnade kennt. Dann heißt es lernen, auf die Grundstörung zu achten, die im Säuglingsalter passiert ist, weil die Babys in der Regel schlecht geliebt werden. Ohne Grundstörung wäre Religion überflüssig.

Kindergebet. Mein Herz ist klein, darf niemand hinein als du, mein liebes Jesulein.

Baubeginn

Beim Architekten. Eine Autostunde nördlich von Wien hat Giorgio Thurn seinen harmonisch gestalteten Pavillon auf eine Waldlichtung gesetzt, für Seminare zur »Erinnerung an die eigentliche Bestimmung« interessierter Gäste. Auf der alten Ritterburg seiner Vorfahren, in der Thurn lebt, gibt es eine Kapelle, deren Längsachse ein starkes Kraftfeld spürbar werden lässt, wie mir Thurn mit der Hilfe eines Pendels erklärte. Ohne solide Kenntnisse in Geomantie und Radiästhesie, meint Thurn, wäre jedes Bauunternehmen fragwürdig, besonders wenn es religiös inspiriert sein soll. Dazu passt, dass die letzten architekturgeschichtlich halbwegs ansprechenden Kirchen Wiens an der Peripherie gebaut wurden, auf dem Zentralfriedhof und in der Nervenklinik Am Steinhof.

Mehr als genug. Im Vergleich zur Gründerzeit vor hundert Jahren ist in Wien architektonisch nicht viel los. Unter jovialen Bürgermeistern aus der Sozialdemokratie wurden neue Wohnviertel bereitgestellt, es gibt ein paar Hochhäuser, die im Volksmund Tintenburgen genannt werden, ein Zentralbahnhof soll in ein paar Jahren unter Dach sein. Ansonsten wird renoviert, was an Bausubstanz aus glanzvolleren Tagen noch da ist, zur Freude der japanischen Touristen. Ein prachtliebender Bauwille fehlt vollkommen, obwohl genügend Geld vorhanden wäre.

Den nachhaltigsten Eindruck von verschwenderischer Bautätigkeit verdanke ich einem Spaziergang durch das Pagodenfeld von Pagan (Burma) im Januar 1988. Auf den vierzig Quadratkilometern der Ebene am Irawadifluss sind zweitausend Sakralbauten zu besichtigen. Sie stammen aus dem Hochmittelalter, als bei uns die Kathedralen in den Himmel wuchsen. Pagan wurde 1287 von den Mongolen erobert. Damals standen mindestens sechstausend Tempel und Pagoden in der Hauptstadt eines mächtigen Reichs, dessen Herrscher ihren Klerus mit immer neuen Stiftungen zur Kultivierung der Gottesdienstlichkeit verwöhnten.

Wie in Europa wurde dieser Aufwand durch die unselbstständige Arbeitskraft einer Bevölkerung ermöglicht, die an der Hungergrenze gehalten wurde. Auch das Tempelpersonal, gekleidet in die safrangelbe Farbe des Todes, lebte bescheiden.

Als Kublai Chan auftauchte, waren die Ressourcen Pagans, zu jener Zeit fünfzehn Mal größer als die City of London, nach zweihundert Jahren gottgefälligen Bauens erschöpft. Dreißig neue Pagoden pro Jahr waren auf Dauer nicht finanzierbar. Dreihundert Jahre später bezahlten die Päpste den Neubau der Peterskirche mit dem Verlust halb Europas.

Danach kamen nur noch die Loireschlösser und der übrige Protz königlicher und fürstlicher Familien, die einander ständig übertrumpfen mussten, bis das Jahrhundert der Revolutionen sie Bescheidenheit lehrte. In Pagan sind gegenwärtig die Funktionäre der burmesischen Militärdiktatur am Werk, für die Touristen aus China. Hunderte Betonpagoden sind bereits fertig, mitsamt einem Aussichtsturm und modernen Hotels. Die UNESCO ist entsetzt, wegen des rüden Umgangs mit dem Weltkulturerbe. An ihm wird gleichwohl weitergebaut, hauptsächlich durch die Errichtung extravaganter Museen, auch in Wien. Für Senioren wie mich ist der Eintritt ermäßigt.

Aber nein, aber nein sprach sie. Ein Lied: Sie war das allerschönste Kind, das man in Polen findt. Aber nein, aber nein sprach sie, ich küsse nie. Buddha ist, wie gesagt, im Wald verschwunden, Jesus in die Wüste gegangen, Mohammed in der Höhle gehockt. Die frühesten Spuren solchen Neinsagens lassen sich im nordwestlichen Indien vor viertausend Jahren vermuten, als dort jenes Programm prinzipieller Weltabkehr auftauchte, das bis heute in den ost-westlichen Klosterkulturen befolgt wird, auch in Burma. Die Auftürmungen im alten Pagan verdanken sich dem königlichen Respekt vor dem Neinsagertum der Mönche und Nonnen, dem Lächeln im Schlafkristall. Im mittelalterlichen Westen wiederum waren es Klosterbrüder, denen die Gotteshäuser Europas jenes kostspie-

lige Bauwesen verdankten, das dem Michelin immer drei Sterne wert ist.
Askese und Verschwendung hängen zusammen, seltsam genug. Das Licht auf die Symbiose von Lebensfeindschaft und Despotie in den Architekturen der Verschwendung wirkt freilich eher fahl. Es zeigt einen glücklichen Hitler mit Speer an dem großen Tisch mit den Plänen für den grandiosen Umbau Berlins.
Ein sehr bestimmtes Nein zum gegenwärtigen Architekturbetrieb formulierte der Wiener Künstler Friedensreich Hundertwasser (gest. 2000) mit seinem »Verschimmelungsmanifest«. Man soll auf die sauberen Glaswände und Betonglätten ein Zersetzungsprodukt gießen, forderte Hundertwasser, damit sich der Schimmelpilz festsetzen kann.
Unter Hitler hätte Hundertwasser keine Chance gehabt, nicht nur wegen seiner jüdischen Mutter und den neunundsechzig Verwandten, die von den Nazis umgebracht wurden. Hundertwassers Bauten, die mittlerweile in aller Welt zu besichtigen sind, brechen mit der Tradition, verwitterungsresistent zu sein. Ihre farbenfrohen Zwiebeltürmchen verführen den Blick zur heimlichen Freude am Kindlichen, also zum Einverständnis mit einer Kultur, die auch den Gartenzwerg gelten lässt.
Streng ins Gericht hingegen ging Hundertwasser mit den »Linealmenschen«, wie er die Architekten der Jetztzeit nannte. Nur wenige von ihnen fanden Gnade in Hundertwassers Augen, zum Beispiel Antonio Gaudi

in Barcelona. Beispielgebende und »gesunde« Architekturen fand Hundertwasser in Elendsvierteln, Slums und Favelas, weil dort jeder Bewohner auch Architekt und Maurer sei. Jeder Mensch soll bauen dürfen und so die Verantwortung tragen für die vier Wände, in denen er wohnt, verlangte Hundertwasser. Man müsse das Risiko in Kauf nehmen, dass solch ein tolles Gebäude nachher zusammenfällt. Das ist eine geradezu wunderbare Maxime für jede Religionsgründung.

Wie nach Plan. Das mir zugewiesene Grundstück, um im Bild zu bleiben, war zur Stunde meiner Geburt bereits genau bemessen, wie nach den Regeln der Astrologie. Die Lage in Wien erwies sich in meinem Fall als eher ungünstig, nach den Erfahrungen der letzten tausend Jahre, abgesehen vielleicht von den Unternehmungen Rudolf des Stifters (gest. 1365), mit dem ich mich aber nicht vergleichen möchte. Wir wollen bescheiden bleiben.

Die Zahl der jährlichen Sonnentage in deinem Heimatort, deine Muttersprache, die Religion deiner Kindheit hast du dir nicht aussuchen dürfen. Irgendwann ist dein Bauwille erwacht, der Wunsch nach den eigenen vier Wänden für dein Seelenleben. Das war der Anfang deiner Selbstständigkeit, aber noch lange kein Baubeginn. Es fehlte ein Plan.

Was dann passierte, wirkte im Nachhinein wie eine Kette von Zufällen und Fremdbestimmungen, auf den ersten Blick zumindest. Noch dazu, wenn Widrigkeiten

eintraten, ein Autounfall da, eine verpatzte Prüfung dort – unverdiente Bosheiten ohne Sinn und Zweck.
Bis dir der Verdacht kam, dein Leben könnte nach einem Plan verlaufen, den niemand gehabt hatte, kein Gott und kein Mensch.
Bravo! Wer hätte gedacht, dass auf deinem Bauplatz bereits eine Menge Ziegel herumliegen, etliche Bretter, eine gebrauchte Waschmuschel. Worauf wartest du noch?

Lebenshilfen

Seelsorge ohne Gott. Im Jahr 1842 schlossen vier aufstrebende Naturwissenschaftler (Emil Du Bois-Reymond, Ernst Brücke, Hermann Helmholtz, Carl Ludwig) einen »Freundschaftsbund« und unterfertigten mit ihrem Blut den folgenden Pakt: »Wir haben uns verschworen, die Wahrheit geltend zu machen, dass im Organismus keine anderen Kräfte wirksam sind als die gemeinen physikalisch-chemischen.« Helmholtz entdeckte den Ursprung der Nervenfasern aus den Ganglienzellen, Brücke wurde der Lehrer Freuds in Wien, der sich seinerseits als »gottlosen Mediziner« bezeichnete. Der Kampf ging gegen die religiösen Märchen, wie Freud sich ausdrückte.

Mittlerweile werden vormoderne Seelenvorstellungen im akademischen Betrieb von Religionshistorikern, Ethnologen und Philosophen betreut, während die Neurowissenschaften das Ewige im Menschen längst aus ihrem Wortschatz gestrichen haben. Von Seelsorge ist allenfalls noch auf den theologischen Fakultäten die Rede. Wer in einen Mischzustand von Manie und Depression geraten ist, wandert jedenfalls nicht zum

Pfarrer, sondern schluckt zunächst einmal die ärztlich verschriebenen Psychopharmaka.

Und wer kümmert sich um mein Seelenheil? Im Jahr 1946 veröffentlichte der Wiener Neurologe und Psychiater Viktor Emil Frankl (gest. 1997) ein Buch unter dem Titel »Ärztliche Seelsorge«, dessen Erscheinen sich umständehalber verzögert hatte. Die Umstände waren unerfreulich. Frankl wurde 1942 wegen seiner jüdischen Herkunft mit seiner Frau und seinen Eltern nach Theresienstadt deportiert. Seine Angehörigen kamen unter den Nazis ums Leben, Frankl wurde nach Kriegsende zum Vorstand der Neurologischen Abteilung der Wiener Poliklinik berufen. Er schrieb: Das Ziel der Religion ist das Seelenheil, das der Psychotherapie die seelische Heilung. Beide haben zwar miteinander zu tun, sind indes subtil voneinander zu trennen.

Aber wie? Das altmodische Seelenheil kostet nichts oder allenfalls eine milde Gabe, die moderne Psychotherapie ist honorarpflichtig. Gott ist prinzipiell gratis zu haben, das Seelenheil auch. Mitunter kostet es allerdings das Leben.

Saturn im ersten Haus. Wer bislang ohne psychiatrische und/oder psychotherapeutische Hilfe zurechtgekommen ist, aber spirituell unruhig blieb, sucht eventuell den Weg zur astrologischen Orientierung im Weltgefüge.

Selbstverständlich gibt es dabei eine Menge Fehldiagnosen, so ähnlich wie in der Medizin. Hoffentlich findet sich schließlich die richtige Adresse, und dann steht dem Tauchbad in einem menschheitsalten Erfahrungswissen nichts mehr im Wege. Dies war, bis zur Einführung der allgemeinen Schulbildung, ein Monopol der schriftkundigen Oberschichten rund um den Globus, die den Stand der Gestirne beobachteten und daraus ihre Schlüsse zogen, zunächst einmal für kalendarische Zwecke zum Nutzen der Landwirtschaft, dann auch für die Bestimmung günstiger Termine im Kriegswesen. Mit plakativen Reizwörtern (»Mythos«, »Mystik«) auf dem esoterischen Supermarkt ist den verschmitzten Orakelpriestern des alten Rom sicherlich nicht auf die Schliche zu kommen.

Ihre Klientel verlangte von ihnen Entscheidungshilfen für das Verhalten in einem undurchsichtigen Weltgeschehen, was den Vergleich mit der Tätigkeit heutiger Börsenmakler nahelegt.

Als es noch keine Aktien gab und lediglich Sonnenuhren, aber immerhin den pythagoreischen Lehrsatz, berechneten die Wahrsagekünstler ihre Horoskope erstaunlich genau. Sie verfügten über anatomische Kenntnisse, um die Lage der Eingeweide in den geschlachteten Opfertieren zu inspizieren, kannten jede Abweichung von den Regeln im Verhalten der Zugvögel, beherrschten die Deutung der Träume und die Befragung der Verstorbenen, wussten Bescheid im Umgang mit den Seherinnen in Delphi oder Cumae, beeinflussten die Wahl des Ortes für einen neuen Hafen, entwarfen Grundrisse für den Bau von Städten,

die noch heute stehen. Dies alles hieß *techne* im Sinn von Kunstfertigkeit, nicht zu verwechseln mit Ingenieurwissenschaft.
Und immer noch teilt sich das Jahr in zwölf Monate wie im alten Babylon, die Woche in sieben Tage wie im kaiserzeitlichen Rom.
Sollte der nächste Freitag auf einen Dreizehnten fallen, ist Vorsicht geboten. Zum Glück kommt das nur alle heiligen Zeiten vor.
Wegen der hartnäckigen Gewohnheit unserer Erde, ihre Rotationsachse und damit den Frühlingspunkt ganz, ganz langsam nach rechts zu verlagern, wird in astrologischen Kreisen vom Zeitalter des Wassermanns gesprochen, in welches die Menschheit ganz, ganz langsam hineinrutscht. Sehr, sehr langfristig würde sich auf diese Weise die Tendenz verstärken, jedem Menschen das Recht auf seine eigene Religion einzuräumen.
Das lässt aufhorchen. Ken Wilber, ein Experte für Zeitalterkunde, sieht die Erdlinge an der Schwelle einer Weisheitskultur, die das Ich in überpersönliche Bereiche katapultieren wird. Der Kulturphilosoph Arnold Graf Keyserling (gest. 2005) dachte ähnlich. Nach seinen Berechnungen begann die Wassermannzeit im Jahr 1962 und wird bis zum Jahr 4120 dauern. Fast täglich kommen neue Erkenntnisse, werden überraschende Offenbarungen zugänglich, meinte Keyserling, der ab 1964 an der Hochschule für Angewandte Kunst in Wien unterrichtete. In der Tat boomt trotz

der täglichen Schreckensmeldungen von Selbstmordattentaten, Hungersnöten, Kriegen, Vulkanausbrüchen, Hurrikanen oder Überschwemmungen die transkontinentale Meditationsbewegung der letzten fünfzig Jahre. Das ist zwar noch lang keine neue Weltreligion, aber die brauchen wir ohnehin nicht, astrologisch betrachtet.

Astrologisch betrachtet ist also etwas ganz, ganz langsam im Gang. Was mir früher wichtig war, ist mir jetzt gleichgültig, zum Beispiel ein Aquarium in der Wohnung, und was mir früher gleichgültig war, ist mir jetzt wichtig, zum Beispiel die Einsichten der promovierten Kulturanthropologin und praktizierenden Schamanin Felicitas D. Goodman (gest. 2005). Sie schrieb: Religiöse Rituale gehören zu dem Kostbarsten, das eine Kultur besitzt.

Im Altertum war die Sterndeutung rituell unterstützt, also öffentlich nobilitiert. In der Neuzeit wurde sie zu einer Privatangelegenheit, wie im Fall Wallensteins, der sich im Jahr 1608 vom kaiserlichen Hof-Mathematicus Johannes Kepler ein erstes Horoskop erstellen ließ. Darin stand, dass der edle Herr unter dem Sternbild des Wassermanns geboren sei, mit Saturn und Jupiter im ersten Haus, was nur alle zwanzig Jahre vorkäme. Solchergestalt mag ich von diesem Herrn in Wahrheit schreiben, so Kepler, dass er ein wachendes, aufgemuntertes, emsiges, unruhiges Gemüt habe, allerhand Neuerungen begierig. Saturn im Aufgang macht melancholische Gedanken, bringt Neigung zu Alchymiam, Magiam, Zauberei, Nichtachtung menschlicher Gebote und Sitten, auch aller Religionen. Großer Ehrendurst, Streben nach Macht und Dignitäten seien deutlich. Im Ganzen wäre das Horoskop dem der englischen Elizabeth ähnlich. Hochgeboren also, schrieb Kepler, unter einer sogenannten Conjunctio Magna, und Jupiter mache Hoffnung, der (ihm damals unbekannte) Adressat werde zur Verrichtung wichtiger Sachen tauglich sein.

Dass Kepler kein Phantast war, als Entdecker der nach ihm benannten Gesetze der Planetenbewegung, ist bekannt. Gleichwohl besserte er sein Budget mit dem Errechnen und Interpretieren von Horoskopen auf, und als Wallenstein im Jahr 1624, mittlerweile in ganz Europa berühmt, erneut bei ihm anklopfen ließ, machte er sich an die Arbeit, diesmal im Wissen, mit wem er es zu tun hatte. Der Fürst von Friedland, Gubernator Böhmens, wünschte genauen Aufschluss über seine Zukunft. Ob er am Schlagfluss sterben werde, womöglich außerhalb seines Vaterlandes, wie andere Astrologen meinten. Ob er im Kriegswesen weitertun solle und wenn ja, in welchen Landen und mit welchem Glück. Wen er für seine Feinde ansehen müsse. Dies alles mit dem ausdrücklichen Wunsch, dem Auftraggeber nur ja nicht zu schmeicheln und ihm die Wahrheit zu sagen, sie sei, wie sie sei.

Dementsprechend unverblümt antwortete Kepler, wer aus den Sternen wissen wolle, was Wallenstein verlangte, der sei noch nie recht in die Schule gegangen und habe das Licht der Vernunft, das Gott ihm angezündet, noch nie recht geputzt. Konnte der böhmische Herr nicht endlich von dem Wahne lassen, die Ursachen seiner allerpersönlichsten Angelegenheiten am Himmel zu suchen?

Nach diesen Vorbehalten folgte dann immerhin ein Wink, so dunkel, dass Wallenstein die fatalen Konsequenzen der Mahnung unmöglich abschätzen konnte. Ein Vergleich der Horoskope Wallensteins und des Kaisers (Ferdinand II.) lasse auf geringe Zuneigung schließen, notierte Kepler. Zehn Jahre später war Wallenstein tot, umgebracht im Auftrag der Kaiserlichen Majestät.

Wallensteins Ende hatte, Kepler zufolge, irdische und nicht himmlische Ursachen. Astrologisch anraten ließ sich allenfalls eine generelle Vorsicht im Umgang mit Ferdinand. Das von Wallenstein gelegentlich benutzte Eckzimmer in seinem Prager Palais führte zu einem geheimen Fluchtweg, für alle Fälle. Wie sich herausstellte, war diese Vorkehrung vergeblich.

Bleibt die erstaunliche Klarsicht Keplers bei der charakterkundlichen Einschätzung Wallensteins, von dem er für das erste Horoskop nichts als das genaue Geburtsdatum und eine noble Herkunft kannte. Sehr viel weiter als Kepler ist das psychologische Jahrhundert seit der »Traumdeutung« Freuds in der Erforschung persönlicher Schicksale auch nicht gekommen.

Deshalb hat ein angesehener Psychoanalytiker der alten Kunst des Sterndeutens eine informative Studie gewidmet und ihre Brauchbarkeit für seine professionelle Arbeit unter Beweis gestellt. Im Gegensatz zu seiner Zunft gab er der Horoskopie eine gute Chance als Lebenshilfe. Die Konfrontation mit seinem primären Angelegtsein, so der Autor, könne eine durchgreifende Änderung in das Leben eines Menschen bringen, ja eine neue Weichenstellung erzielen.

Ob ich von Geburt an das Religionsgründen im Programm habe, ist astrologisch leider kaum zu erfragen. Eine derartige Disposition sei am ehesten unter den vom Zeichen des Schützen beleuchteten Kohorten zu finden, wird behauptet. Besonders sympathisch wirken die Schützen nicht, mit ihrer ständigen Rederei vom höheren Sinn des Lebens, ihrer metaphysischen Nervosität, dem missionarischen Elan. Wirkt die Sonne ein, dann haben wir Gestalten wie Nostradamus vor Augen, Seherinnen und Seher, während der Mond etwas Schwärmerisches im Seelenhaushalt begünstigt. Geltungsbedürfnis sei für die Schützen generell ein Problem, und auf ihre Leber sollten sie besonders achten. So gesehen wäre es reizvoll, die Nativitäten von Ron Hubbard (Scientology) oder Josemaría Escrivá de Balaguer (Opus Dei) zu inspizieren.
Aber lassen wir das. Auch Astrologen hantieren mit einem Religionsbegriff aus der Vorvergangenheit und dem Vokabular Goethes und Schillers.

Selbstverwirklichung. Das gilt besonders für die Wortwahlen im Grenzbereich zwischen Selbstbefriedigung und Selbstmord. Das hauptwörtlich gebrauchte, quasi feiertägliche Selbst im Gegensatz zum alltäglichen Ich verdankt sich der professoralen Prosa deutscher Denker zur Zeit Napoleons. Die angeschaute Kategorie, das gefundne Ding, schrieb Hegel, tritt in das Bewusstsein als das Fürsichsein des Ich, welches sich nun im gegenständlichen Wesen als das Selbst weiß.

Wer damit wenig anfangen kann und auch nach der Lektüre der Beiträge Carl Gustav Jungs zur Symbolik des Selbst nicht wirklich schlau geworden ist, kann eventuell eine Scheidung anstreben, die Wohnung wechseln und einen Selbsterfahrungskurs besuchen.

Und dann?

Wird in der Regel eine neue Zweierbeziehung gesucht.

Warum?

Weil es nur sehr wenige Menschen gibt, die es mit sich selbst allein und auf die Dauer aushalten. Deshalb bin ich dabei, eine Religion zu gründen. Meine Religion, mein Leben als Gesamtkunstwerk und als Zukunftsmusik.

Zimmer, Küche, Kabinett

Unbedingt notwendig. Was der Mensch zum Leben braucht: Ein Bett zum Schlafen, eine tägliche Mahlzeit, etwas zum Anziehen. Braucht er auch ein Buch über Religion? Nein. Ein Feiertagsgewand genügt.

Trommeln, Tanzen, Singen. Tiere kennen keinen Feiertag. Einige von ihnen lernten im Lauf der Zeit den aufrechten Gang und den Unterschied zwischen besonderen und gewöhnlichen Tagen. So wurden aus ihnen religiöse Tiere, die hin und wieder einen Event veranstalteten. Zum Beispiel die Nazis. Voran der Trommelbube, er schlägt die Trommel gut. So lang, bis der Führer sich eine Kugel in den Kopf schießt. Hei triri triri trum. Da trägt meine Religion schon lieber Alltagskleidung.

Ungemein fesselnd. Nachrichtentechnisch, kommunikationstheoretisch und werbewirtschaftlich arg vernachlässigt ist eine Schrift des entsprungenen Dominikanerpriesters und freiberuflichen Philosophen Giordano Bruno (gest. 1600) über fesselnde

Kräfte im Allgemeinen *(De vinculis in genere),* erstmals veröffentlicht im Jahr 1891.
Brunos Gedanken zirkulierten in den intellektuellen und politischen Eliten Europas, die damals wie heute wissen wollten, wie man die Mehrheit der Bevölkerung so manipulieren kann, dass sie auf keine aufmüpfigen Gedanken kommt und sich dabei in ihren vier Wänden nicht langweilt.
Noch war das Fernsehen nicht erfunden. Längst bekannt hingegen waren die Methoden, das Gemüt durch Appelle an die Einbildungskraft zu fesseln – im Weihrauchduft der Thronbesteigungen, beim Hörnerschall der Militärparaden. Die wirksamste Form manipulativer Kundigkeit allerdings, meinte Bruno, äußere sich in der sorgfältigen Pflege der Überzeugung, einer guten Sache zu dienen. Propheten und Religionsgründer aller Zeiten hätten es meisterlich verstanden, Selbstverleugnung und Opferbereitschaft in den Herzen ihrer Gefolgschaft zu erwecken. Wie ihnen das geglückt sei, erinnere an Zauberei. Zwischen Magie und Religion zog Bruno ohnehin keine festen Grenzen, was für die Unvoreingenommenheit seines Denkens spricht.
Kein Wunder, dass der Mann in den Verdacht geriet, Moses, Jesus und Mohammed für mächtige Magier zu halten, ja schlimmer noch für trickreiche Illusionisten. Kein Wunder auch, dass Bruno öffentlich verbrannt wurde, auf dem Campo di Fiori in Rom.
Gleichzeitig klagte im fernen England der Bischof von Exeter, es wäre in seinem Sprengel üblich geworden,

die Existenz Gottes in Zweifel zu ziehen. Der langsame Abschied von der althergebrachten Religion hatte begonnen.

Es sei an der Zeit, so der 1719 anonym veröffentlichte »Traktat über die drei Betrüger«, das Volk zur Erkenntnis der Irrtümer zu führen, in denen es befangen ist. Unwissenheit wäre die einzige Quelle der falschen Vorstellungen von Gott, der Seele, den Geistern und von nahezu allem, was die Religion ausmache.
Dem ist wenig hinzuzufügen. Was die Geister und die für sie zuständigen magischen Kräfte betrifft, so ist noch lange kein Ende in Sicht, mit den 400 Millionen verkauften Harry-Potter-Romanen in 65 Sprachen. Die Autorin ist sehr reich geworden. Eine neue Religion gegründet hat sie bislang nicht.

Höllenangst. Im Wiener Lach-Theater zur Zeit Johann Nestroys (gest. 1862) war der christliche Teufelsglaube bereits zur Posse geraten. Sie wurde 1849 erstmals im Carltheater aufgeführt, mit Nestroy in der Titelrolle. Unübertroffen blieb Hans Moser 1961 im Josefstädter Theater als Pfrim, der mit seinem Sohn Wendelin die Pilgerfahrt nach Rom antritt und vor einem Wirtshaus erfährt, dass die ganze Teufelei eine Einbildung war: Hab ich's nicht gleich gesagt?
Nestroy platzierte seine Personen gern in Interieurs, zu ebener Erde und im ersten Stock, entsprechend der jeweiligen Vermögenslage, und ließ dort die obrigkeit-

lich genehmigten Phrasen am umgangssprachlichen Alltag zerschellen. Unverblümte Attacken auf die Geistlichkeit und ihre Sprachspiele hätte die Zensur nicht durchgelassen. Zwei Entwürfe für das Auftrittslied des Wendelin über Weltregierung, Schicksal, Jenseits usw. blieben in der Schublade.
Deutlicher werden durfte Nestroy als Parodist der Kunstreligion Richard Wagners, dessen »Lohengrin« 1861 in der Wiener Hofoper aufgeführt wurde. Was den Majestäten gefiel, wurde in der Vorstadt belacht. Und zu Weihnachten gingen die kleinen Leute und die Majestäten brav in die Kirche, weil es sich so gehörte. Man kann ja nie wissen.

Verlustanzeige. Ich habe meinen Glauben verloren. In der Küche ist er nicht, auch nicht im Schlafzimmer. Nur im Keller bin ich noch nicht gewesen.

Andachtswinkel. So klein konnte die Hütte gar nicht sein, dass kein Fetisch in ihr Platz gefunden hätte. Aus Hütten wurden feste Häuser, und beim Eintritt streifte der Blick die Devotionalien, denen sich der Zusammenhalt der Familie verdankte, zum Verdruss böser Mächte. Puppen aus Wolle im alten Rom, ein kleiner Buddha auf Sri Lanka, der Gekreuzigte in den Bauernstuben Tirols. Nicht zu verwechseln mit Teppichen, Wandmalereien oder Silberkannen, denen keine Andacht erwiesen wird. Ohne Andachtsgegenstand wäre meine Wohnung ein Museum.

Für museale Angebote sind viele Arten von Blicken vorgesehen – bewundernde, abschätzige, gelangweilte, kennerische –, aber keine andächtigen. Andächtige Blicke finden im Vorübergehen statt, beiläufig, ohne besondere Anstrengung, gewohnheitsmäßig. Maria mit dem Kinde lieb, uns allen deinen Segen gib. In Wien, wo Passanten gelegentlich »auf einen Sprung« in die Kirche gehen, lässt sich das noch beobachten, ähnlich wie in den Moscheen der Levante, wo die alten Männer am Nachmittag ein Nickerchen machen. Sie sind dann in der Religion wie zu Hause.

Besenrein. Im Dachstübchen des Seelenhaushalts sollte nicht viel herumstehen. Das wusste bereits der Verfasser einer viel gelesenen mystischen Theologie, die um 500 n. Chr. zu Papier gebracht wurde, von einem Anonymus aus dem syrischen Raum, der sich hinter dem Namen einer von Paulus bekehrten höchstrichterlichen Persönlichkeit Athens versteckte, der des Dionysios Areopagita. Ohne Reinigung *(katharsis)* keine Erleuchtung. Wer das nicht zu Lebzeiten schafft, muss für ein Weilchen ins Fegefeuer, wie bei Dante nachzulesen.

Ganz ohne Abschiedsschmerzen ist die Reinigung des Oberstübchens, wo die lieb gewordenen Erinnerungen sitzen, offensichtlich nicht zu bewerkstelligen. Andererseits kann das Gefühl, in einem leer geräumten Zimmer zu stehen, auch beruhigend sein, wie ich aus eigener Erfahrung mitteilen kann. Es wäre dann sicher ein Fehler, sofort den Innenarchitekten zu bestellen. Während ich auf Erleuchtung warte, dreht sich die Welt weiter. Wenn ich den Atem anhalte, höre ich das leise Knirschen ihrer Achse. Sie ist schon lange nicht mehr geölt worden.

Der schönste Satz der Bibel. Im Hause meines Vaters sind viele Wohnungen.
Eine davon steht für mich bereit, ab sofort. Meine bessere Hälfte und die Katzen darf ich mitnehmen.

Ins Freie

Unter Beobachtung. Meine Absicht, eine Religion zu gründen, scheint harmlos zu sein. Allerdings überspringe ich damit die Schranken einer gemäßigten Denkungsart und des Althergebrachten, das Millionen Trost und Beruhigung gewährt. Ich setze mich womöglich auf den Thron des Allmächtigen, der Himmel und Erde regiert.

Das kann gefährlich werden, auch wenn es nur in Gedanken geschieht. Die Freiheit jedes mündigen Individuums muss absolut und vollständig sein, schrieb Michail Bakunin (gest. 1876) in seinem revolutionären Katechismus, die Freiheit zu gehen und zu kommen, laut jede Meinung auszusprechen, faul oder fleißig, unmoralisch oder moralisch zu sein, ohne jemandem Rechenschaft abzulegen.

Bakunins Grab ist auf dem Friedhof Bremgarten in Bern zu besichtigen. Zu seinen Lebzeiten war der imposante Russe ein paar Tage lang Militärkommandant, während des Aufruhrs in Dresden Anfang Mai 1849, wurde anschließend verhaftet und nach St. Petersburg überstellt. Während der Gefangenschaft fielen ihm die Zähne aus. Nach zwölf Jahren glückte ihm die Flucht aus Sibirien, über Japan und San Francisco nach London. Er galt als Apostel der Anarchie, zerstritt sich mit Marx, liebte Austern und rauchte teure Zigarren. Durch Geburt und persönliche Lage, gewiss nicht durch Neigung und Richtung, bin ich ein Bourgeois, schrieb Bakunin an die Genossen der internationalen Arbeiterassoziation, als er drei Jahre vor seinem Tod in den Ruhestand ging. Wenn ich jung wäre, hätte ich mich in ein Arbeitermilieu begeben. Die Zeit ist nicht mehr für Ideen da, sondern für Taten.

Mit Gift, Dolch, Strick, wie nicht nur Bakunin meinte. Mittlerweile sind Flugzeugentführungen und Selbstmordattentate zur weltweiten Realität geworden, mit und ohne religiöse Weihe. Die Vereinigten Staaten von Amerika führen einen Krieg gegen weltweit agierende Terroristen, hieß es in einem offiziellen Dokument der US-Regierung vom September 2002.

In Wien ist davon nicht viel zu bemerken. Der Islam ist seit 1912 staatlich anerkannt, die Türken verkaufen ausgezeichnetes Lämmernes, und mit meinem Tankwart aus Ghana bin ich sehr zufrieden.

Eine gewisse Vorsicht ist dennoch geboten. Religion kann mitunter wie die Zündschnur an einer Sprengladung wirken. Das weiß auch die Polizei.

Blutwirtschaft. Die unangenehme Nachricht zuerst. Selbst die Umgangsformen einer netten Pfarrhofjause haben etwas zu verbergen – die stillschweigende Verwandtschaft religiöser Orientierungen mit den menschheitsalten Opferbräuchen. Dass die frommen Seelen davon nichts wissen oder wissen wollen, steht auf einem anderen Blatt. Es wurde von Freud aufgeschlagen, mit dem strengen Befund: Das Ziel alles Lebens ist der Tod. Auf keinem anderen Gebiet, fügte Freud hinzu, hat sich unser Denken und Fühlen seit den Urzeiten so wenig verändert, ist das Alte unter dünner Decke so gut erhalten geblieben wie in unserer Beziehung zum Tod.

Deutlicher wurde der Schweizer Gräzist Walter Burkert: Der Mensch wurde zum Menschen durch das Jägertum, durch den Akt des Tötens.

Eine Kurzfassung der langen Geschichte, wie aus steinzeitlichen Jägern griechisch-römische Opferpriester wurden, lässt sich beim Besuch eines Sonntagsgottesdienstes in der nächsten christlichen Kirche erleben. Am Höhepunkt der Feier wird das Letzte Abendmahl des Herrn Jesus mit seinen Jüngern vergegenwärtigt, mit den Worten: Nehmet und esset, mein Leib; nehmet und trinket, mein Blut.

Jetzt kommt die angenehme Nachricht. Gegessen und getrunken wird Brot und Wein, nicht Fleisch und Blut.

Gleichwohl können sich die Mienen sehr schnell verfinstern, wenn die Pfarrhofjause auf das Thema Abtreibung zu sprechen kommen sollte, nicht nur in den USA. Dort schob der Kirchengründer Jerry Falwell (gest. 2007) im Jahr 1979 seine »Moral Majority« auf die politische Bühne, und seitdem kommt kein Präsi-

dentschaftskandidat um die Frage des Schwangerschaftsabbruchs herum. Wenn der Mutterleib zum Kampfplatz der Überzeugungen wird, ist es mit dem Religionsfrieden vorbei. Vielleicht sollte eine Hebamme zur nächsten Pfarrhofjause eingeladen werden.
Im Übrigen geht mir religiös kostümierte Rechthaberei ohnehin auf die Nerven, weil sie jede Art von Glaubenszweifel verpönt, wie bereits erwähnt. Bakunin ist mir deshalb sympathisch, weil er auf jenseitige Verankerungen bewaffneten Widerstands gegen ungerechte Verhältnisse verzichtete – ganz im Sinn des Theologen Thomas Müntzer (gest. 1525), der an seine Pfarrkinder schrieb: Man kan euch von Gotte nit sagen, dieweil sie über euch regieren.
Der widerwärtigste Satz der christlichen Bibel ist in der Matthäuspassion von Johann Sebastian Bach zu vernehmen: Sein Blut komme über uns und unsre Kinder.
Angeblich stammt der Fluch von einigen Schreihälsen vor dem Tribunal des Pontius Pilatus. Was daraus geworden ist, lässt sich in der Kriminalgeschichte des christlichen Abendlandes nachlesen.

Willst du vollkommen sein? Lieber nicht. Es sollte genügen, höflich zu mir und meiner Umgebung zu bleiben, so gut es eben geht, auch in meiner Beziehung zu Gott.
Die entschiedenste Abkehr von der gewohnten Blutwirtschaft wurde von jenem persischen Arzt und Religi-

onsgründer Mani (gest. 276) gepredigt, dessen Jugendbewegung, wie bereits erwähnt, zu einer weltweiten Kirche wurde, bis sie vor ein paar hundert Jahren aus den Akten verschwand. Ihre Elite, zölibatär lebende Männer und Frauen, hielt sich an die sogenannten Versiegelungen – jene des Mundes, jene der Hände und jene der Geschlechtsorgane. Die Vollkommenen, wie sie genannt wurden, hatten kein leichtes Leben. Ihre tägliche Mahlzeit – Brot, Öl, Gemüse, Fruchtsäfte – wurde ihnen von den Unvollkommenen der Gemeinde serviert. Das Tischgebet der Vollkommenen ist erhalten geblieben: Ich habe dich nicht gemäht, nicht gemahlen, nicht geknetet, dich nicht in den Backofen getan. Sondern ein anderer hat dies gemacht und dich mir gebracht. Ich esse dich ohne Schuld.
Die umständliche Entschuldigung sollte jede Beteiligung an der normalen Gewalttätigkeit verleugnen, die nicht nur Haustieren, sondern auch Nutzpflanzen angetan wird, wenn sie zum Verzehr bestimmt sind. Zwei namentlich genannte Damen aus den Kreisen der Vollkommenen Südfrankreichs kamen im 13. Jahrhundert auf den katholischen Scheiterhaufen, weil sie sich weigerten, ein Huhn abzustechen.
Die Geschichte der Nahrungsmittelindustrie und der Religion wurde und wird immer von den Siegern geschrieben. Okay?
Bitte ankreuzen:

- ☐ Ja
- ☐ Nein
- ☐ Weiß nicht

Für die Neinsager gibt es ein extra dickes Bussi.

Mayerling. Der Meierhof, in dem sich Kronprinz Rudolf aus dem Hause Habsburg am 30. Januar 1889 das Leben nahm, liegt im südlichen Wienerwald und ist jetzt ein Kloster. Das Sterbezimmer der Kaiserlichen Hoheit wurde zu einer Kapelle umgebaut. Nichts erinnert an die Baronesse Vetsera, mit der Rudolf in den Tod gegangen war.

Ihren letzten Abend und die halbe Nacht verbrachten die beiden in der Gesellschaft des Fiakers und begnadeten Kunstpfeifers Josef Bratfisch. Um sechs Uhr dreißig, die Baronesse war bereits tot, weckte Rudolf seinen Kammerdiener, befahl für eine Stunde später das Frühstück und begab sich leise pfeifend zurück ins Schlafzimmer, um den zweiten Schuss aus der Dienstwaffe abzufeuern.

Die Tat platzte in den weltberühmten Wiener Fasching und beendete ihn abrupt. Staatstrauer. Seinen Repräsentationspflichten war Rudolf bis zuletzt nachgekommen, charmant wie stets, ohne Anzeichen einer schweren Verstimmung. Allenfalls unter engen Freunden hatte er gelegentlich über seine Nervosität geklagt, aber das war nur ein Modewort. Rudolfs Pakt mit Mary Vetsera, gemeinsam den Freitod zu wählen,

war Mitte Januar beschlossen worden und geheim geblieben. Liebe Mutter, schrieb Mary zum Abschied, ich bin glücklicher im Tode als im Leben. Bratfisch hat ganz wunderbar gepfiffen.
Nämlich Heurigenlieder. Die heitere Inszenierung des Abgangs der beiden Darsteller von der kaiserlich-königlichen Bühne stand in grellem Kontrast zum Schock, den er auslöste. Rudolf hatte keinerlei Auskunft über die Gründe hinterlassen, Hand an sich zu legen, noch dazu in weiblicher Begleitung. Letztere wurde verschwiegen, als der Kronprinz mit allem Pomp des Hofzeremoniells in der Gruft der Habsburger bei den Kapuzinern am Neuen Markt der Wiener Innenstadt beigesetzt wurde, in Gegenwart des Kardinal-Erzbischofs der Reichshauptstadt und des päpstlichen Nuntius. Die kirchliche Einsegnung des Selbstmörders war durch ärztlichen Befund auf momentane Geistesverwirrung gedeckt.
Sag beim Abschied leise Servus. Der Wunsch nach freier Liebe, zu schön, um wahr zu werden, ob im Wienerlied oder in Mayerling, durfte im Religionsgefüge bislang nur selten und verschlüsselt zur Sprache kommen.
Das könnte sich bald ändern, im Beharren auf der »Wiedereinsetzung des Fleisches«. So nannten kecke Literaten im deutschen Vormärz die Entspannung der Geschlechterbeziehungen – hüben und nicht drüben. In meiner Religion braucht jedenfalls für das Seelenheil Rudolfs und seiner Mary nicht gebetet zu werden.

Ich bin so frei. Das hatte der wohlerzogene Gast im alten Wien zu sagen, wenn er von der Hausfrau gebeten wurde, sich doch bitte selbst zu bedienen.
Eine schöne Redewendung, besonders seit der Aufhebung der Leibeigenschaft am 1. November 1781 durch Kaiser Josef II.
Ich bin so frei, meine eigene Religion zu gründen. Viel ist das nicht.

Einer für alle

Drei Sterne im Michelin. Das Pantheon in Rom, ursprünglich auf freiem Feld am linken Tiberufer gebaut, präsentiert sich heute den Touristen in einem abgewohnten Quartier enger Gassen mit Antiquitätenläden, ein paar Schritte von der Piazza Navona. Vor dem Heiligtum plätschert ein barocker Brunnen. Im Inneren wird das Grabmal Raffaels gezeigt. Nur Fachleuten ist bekannt, dass man sich hier über dem Nabel der Welt befindet, jedenfalls nach den Berechnungen der Architekten des Römischen Imperiums auf dem Höhepunkt seiner Macht.

Dazu passt die (aus dem Griechischen stammende) Widmung des Gebäudes für die Verehrung aller Gottheiten *(pantes theoi)*. Die Andacht zu einem Allgöttlichen *(to pantheion)* war im damaligen Mittelmeerraum keine Seltenheit, lang vor dem Auftritt des Christentums. Ein schöner Gedanke. Lord Schiwa darf weiter durchs Universum tanzen, Isis sich in Maria verwandeln, Christus am Kreuz in jedem zertretenen Regenwurm leiden. Das Göttliche der Gottheiten aller Zeiten und Völker, besungen von weiß gekleideten Priestern, deren Stimmen von der Kuppel des Pantheons zurück in den Raum geworfen wurden, vielfach verstärkt. Schade nur, dass der Text der Preislieder nicht erhalten geblieben ist. Meine Religion krankt an dem Nachteil, in eine sinkende Zeit hineingeboren zu sein. Das Göttliche darf gelobt, kann aber nicht fotografiert werden.

Siegeszeichen. Der Niedergang des Pantheons und seiner wohlgefügten Nachsicht mit dem Formenreichtum des Göttlichen begann am frühen Morgen des 28. Oktober 312 christlicher Zeitrechnung, als Flavius Valerius Constantinus (»der Große«) vor der Schlacht an der Milviusbrücke bei Rom gegen seinen Rivalen Maxentius das Christusmonogramm auf die Schilde seiner Leibgarde pinseln ließ. Das Zeichen des Emporkömmlings im Götterhimmel blieb siegreich. Knapp siebzig Jahre später erhob Flavius Theodosius (ebenfalls »der Große«) den katholischen Glauben per Edikt zur einzig legalen Religion des Römischen Imperiums, bei Strafe gerichtlichen Einschreitens gegen die Ewiggestrigen. Das Pantheon durfte zwar stehenbleiben, wurde aber zu einer Marienkirche geweiht. Seitdem gehört es dem Vatikan. Den Touristen ist das eher gleichgültig.

Sie kommen von Sankt Peter, wo der Papst residiert, als Vertreter der Siegerpartei des Eingottglaubens, den auch die Muslime bekennen, mit dem Nabel der Welt in Mekka. In Jerusalem, wo die ganze Geschichte angefangen hat, ist Jad Vaschem zu besichtigen, zur Erinnerung an die Gaskammern.

Was die Touristen anlangt, so denken sie nach dem Besuch des Pantheons nicht an Gott, sondern ans Mittagessen.
Mit einem einzigen Gott für alle Menschen können die Touristen aus Asien ohnehin nicht viel anfangen, falls sie nicht als Christen oder Muslime unterwegs sind. Besonders verschmitzt können die japanischen Zen-Meister sein. Sobald sie spüren, dass du ein religiöses Problem hast, machen sie sich mit ausgesuchter Höflichkeit über dich lustig, ohne dass du es merkst. Warum hat der allmächtige und gütige Gott nicht die Atombombe über Hiroshima verhindert? Eine wunderbare Frage, meint der Zen-Meister, schreibt GOTT auf die Papierserviette neben seinem Teller und wischt sich mit ihr den Mund ab.

Vor Gottes Thron. Wie alles anfing, im Todesjahr des Königs Usija. Sah ich Jesaja den Herrn Jahu auf seinem erhabenen Thronstuhl sitzen. Die Schleppe seines Mantels füllte den Saal. Geflügelte schwebten vor ihm und schrieen einander zu. Heilig heilig heilig Jahu! Voll von seiner Herrlichkeit das Erdenrund! Und vom Geschrei erbebten die Mauern, und überall Rauch.
Das Jahr: Um 740 vor unserer Zeitrechnung.
Der Ort: Jerusalem.
Der Anlass: Kriegsgefahr.
Wie der Gott eines bedeutungslosen Bergnestes es schaffte, sich im Lauf von tausend Jahren über die

halbe und in den nächsten tausend Jahren über die ganze Welt auszubreiten, lässt sich geistesgeschichtlich mit einer einleuchtenden Pointe erzählen: Weil er denknotwendig war.

Federführend bei dieser Einsicht waren die griechischen Philosophen. Einer von ihnen, der Privatgelehrte Parmenides aus dem unteritalienischen Elea in der Nähe von Paestum, dichtete in Hexametern. Und es nahm mich die Göttin huldreich auf, ergriff meine Hand mit der ihren und redete mich an. Freude dir!

Der Grund für solchen Frohsinn lag in der Erkenntnis, dass alles Werden und Vergehen trügerisch wirken muss, solang auf ein ultimatives Seinsprinzip verzichtet wird. Der Tempel für die griechische Hera in Paestum stand bereits, als Parmenides um 500 vor unserer Zeitrechnung starb. Drei Sterne im Michelin.

Schon ein wenig müde von der Arbeit am Gottesgedanken senkte sich der Weltgeist ein paar Jahre vor Mayerling auf den österreichischen Komponisten Anton Bruckner (gest. 1896) herab, der eben über der Vertonung des Te Deum saß, eines alten Gotteslobs auf Latein.

Was dabei herausgekommen ist, gewinnt im Jubelruf der Person, mit dem der Gesang endigt, eben jene Bekräftigung, die nur mit Gottes Hilfe möglich ist. *Non confundar in aeternum:* Alles wird gut.

Das gilt mir. Nur an dieser Stelle des Textes setzt das Te Deum die erste Person Einzahl, im Gegensatz zum sonst herrschenden Wir. Die Übersetzung des *non confundar* wird die Grundbedeutung des lateinischen Zeitworts im Auge behalten, das im Wortfeld der deutschen *Konfusion* nachwirkt. Verneint soll werden, und zwar prinzipiell, auf Dauer gestellt, unwiderruflich, im Vertrauen auf Gott, was die Person unsicher, verwirrt, verzweifelt macht.

Deshalb hat Bruckner das *non confundar* mit sicherer Hand den Solisten anvertraut, ehe der Chor einfallen darf, mit dem hohen C im Fortissimo zum Schluss. Der religiöse Akt in seiner reinsten Form entspringt im Subjekt.

Konzertante Uraufführung mit Orchester am 10. Januar 1886 in Wien.

Applaus. 1890 reiste Bruckner nach Berlin, zur Aufführung seines Te Deum unter Siegfried Ochs. Bruckner bedurfte des Trostes, denn Mayerling hatte ihn schwer mitgenommen, vierzehn Tage nach der Katastrophe, am Ende eines Ausflugs in den Wienerwald zum Tatort, der verschlossen und schweigend sein Geheimnis hütete, bewacht von nächtlich betenden Nonnen. Kitsch gegen Kunst.

Gegen den übermächtigen Religionskitsch hat meine Religionsgründung keinen leichten Stand. Nichts, wie gesagt, gegen den Gartenzwerg. Weitaus weniger harmlos wirken das Reichsparteitagsgelände in Nürnberg und die einbalsamierte Leiche Maos in Peking. Hinter die Sixtinische Kapelle im Vatikan setze ich ein Fragezeichen. Religionskitsch tut so, als ob er direkt von einer Audienz vor Gottes Thron käme. In diese

Kategorie fallen sämtliche hochherrschaftlichen Aneignungen des Gottesgedankens in Wort, Bild, Schrift, Musik zum Zweck der Begeisterung mit gleichzeitiger Ruhigstellung des Publikums während der letzten fünftausend Jahre rund um den Globus. Dagegen mag im Bedarfsfall eine weiß-himmelblaue Lourdes-Madonna aus durchsichtigem Plastik helfen, mit einem Lämpchen innen, samt Batterie und einem kleinen Lautsprecher für ein Ave auf Knopfdruck, zum Preis von 1,90 Euro und im Dutzend um zehn Prozent billiger.

Dio solo basta. So pflegte Teresa von Avila (gest. 1582) zu sagen, wenn ihre Klosterfrauen spirituell ratlos waren. Gott allein genügt.
Schocktherapie gegen Religionskitsch. Vita Sackville-West (gest. 1962), eine extravagante Literatin aus England, keineswegs fromm, identifizierte Teresa als eine der begabtesten Frauen, die je gelebt hätten. Das steht in einer penibel recherchierten Studie über die spanische Religionsgründerin, unter dem Motto: Es ist ein Gott.
Ja und? Solang ich nicht alles hinter mir gelassen habe, rede ich über Gott wie Blinde über Farben. Sackville-West war auch eine aus dieser Familie. Sie schrieb auf Schloss Sissinghurst in Kent, umgeben von einem der schönsten Parks der Welt. Mitten in der Arbeit erreichte sie im März 1941 die Nachricht vom Freitod ihrer Schriftstellerkollegin Virginia Woolf, mit der sie eine Affäre gehabt hatte. Woolf hatte alles hinter sich

gelassen. Sackville-West schrieb weiter. Was hätte sie sonst tun sollen? Die Gärten von Sissinghurst waren ohnehin bestens betreut.
Vier volle Tage, schrieb Sackville-West, lag Teresa als junge Frau im Koma. Man hielt sie für tot.
Ein sehr hoher Einsatz im Kasino der Gotteserkenntnis.

Liebesquell

Ein wenig Theologie. Mein Unternehmen kennt keine Hektik, und das ist gut so. In Religionsangelegenheiten zählen tausend Jahre bekanntlich wie ein Tag. Vorgestern also, ehe die Mondsichel des Propheten über der Levante erschien, erlebte der syrisch-griechische Raum einen theologischen Frühling sondergleichen, dessen klassenkämpferische Untertöne längst in Vergessenheit geraten sind.

Dabei ging es, hauptsächlich auf dem Papier, um die zweite Person Gottes in der allerheiligsten Triade Vater–Sohn–Heiliger Geist, um den Herrn Jesus Christus, Gott von Gott, Licht vom Licht, gezeugt, nicht geschaffen, eines Wesens mit dem Vater, vom Himmel herabgestiegen, hat Fleisch angenommen durch den Heiligen Geist aus Maria der Jungfrau, und ist Mensch geworden.

Für jüdische (und später muslimische) Ohren eine Ungeheuerlichkeit, war über die Menschwerdung Gottes definitiv abgestimmt worden, im Jahr 381 auf der ersten Kirchenversammlung in Konstantinopel, einberufen von Kaiser Theodosius. Etliche Details blieben dabei offen, darunter die Frage nach dem Wie der Zuschreibung gottförmiger und menschennatürlicher Besonderheiten im Ich des Erlösers, als Mischungsverhältnis zum Beispiel, wie manche meinten, oder als Zweierlei, oder gar als Offenlassen des heiklen Themas. In den zerstrittenen Fraktionen wurde das Niveau scharfsinniger Denksportlichkeit selten unterschritten. Weit weniger deutlich kam hingegen der Gegensatz zwischen grundbesitzenden Klassen auf der einen und städtischem Gewerbe auf der anderen Seite zur Sprache, hinter dem Getöse gelehrter Wortklaubereien. Und waren da nicht die Massen von Sklaven, die ihrer Herrschaft davonliefen, hinein in die Klöster, getreu dem Spruch des heiligen Paulus, fürderhin werde es weder Freigeborene noch Knechte geben? Die Grenze zwischen regierungskonformer und kritischer Theologie folgte jedenfalls den Bruchlinien der gesellschaftspolitischen Konflikte des Oströmischen Reichs unter den byzantinischen Kaisern ab Theodosius. Die Oberschicht bevorzugte Gedankengänge, die Gott als gebürtigen Herrn ansprachen. Die Minderbemittelten spitzten eher die Ohren, wenn die Knechtsgestalt Christi betont wurde.

Das spielte sich, wie gesagt, vorgestern ab, als abweichende Auffassungen mit Ketzernamen stigmatisiert wurden, die in Verbannung und Tod führen konnten. Erst gestern wurde endlich das Reichsketzerrecht abgeschafft, im Jahr 1648. Und heute darf ich völlig gefahrlos meine Religion gründen, weil sich fast niemand mehr für sie interessiert.

Ein wenig Neurologie. Falls Professor Alzheimer zum Tee bitten sollte, ist es auch damit zu Ende. Ohne halbwegs gesundes Hirn keine halbwegs gesunde Religion. Umgekehrt geht es leider nicht. Auch die gesündeste Religion ist einem Alzheimer nicht gewachsen. Deshalb machten sich in den vergangenen Jahrzehnten neugierige Mediziner und Biologen auf die Suche nach dem Zusammenhang zwischen Religion und Wohlbefinden, freilich ohne sensationelle Ergebnisse. Dass Meditationsübungen entspannend wirken, hatte man auch früher gewusst. Dann kamen bildgebende Verfahren auf den Markt, die einen Blick ins Hirn ermöglichten. Konzentriertes Beten, so fand man heraus, erzeuge ein Nachlassen der Spannung im Scheitellappen des Hirns, wo die Körperempfindungen zusammenlaufen. Sehr viel mehr als eine Momentaufnahme der Erregungsausbreitung in hundert Milliarden Nervenzellen war das nicht.
Ansonst ist der versuchte Brückenschlag zwischen Neurologie und Theologie bisher eher misslungen, wie es scheint. Die zuständigen Fakultäten liegen zu weit auseinander. Unter Schädeldecken finden Ärzte oder Schlächter mit Sicherheit keinen Gott.

Morgenturnen. Aufstehen, Körperpflege, Ankleiden, Hände im Stehen vor der Brust verschränken, beim Einatmen die Hände seitlich ausbreiten, beim Ausatmen die Hände wieder vor die Brust bringen.
Dauer etwa eine Viertelstunde, mit Entspannungs-

pausen dazwischen. Die Fixierung des Blicks auf einen Blumenstrauß, ein Bild, eine brennende Kerze, einen Baum vor dem Fenster etc. ist nützlich.
Geeignet für alle Altersstufen. Anschließend Frühstück. Inzwischen dürfte die Sonne aufgegangen sein, hoffentlich wie immer im Osten. Wer hätte gedacht, dass der erste Schritt zur Gründung einer Religion so einfach sein könnte.

Alle guten Geister. Wer von ihnen verlassen ist, so die Redensart, hat ein Problem. Mitunter wurden die guten Geister nummeriert, in der Gestalt der vierzehn Nothelfer zum Beispiel, aber das ist Geschmackssache. Hauptsache, und das wäre dann mehr als eine bloße Redensart, der Mensch kann einen Raum der Geborgenheit um sich aufspannen, ein Offensein des Gefühlshaushalts ohne bestimmte Richtung. Ob er das von Haus aus kann, der Homo Sapiens, seit er in Ostafrika ein halbwegs brauchbares Gehirnvolumen an den Start brachte, mag dahingestellt bleiben – weil bekanntlich niemand dabei war, als Adam und Eva zu beten anfingen.
Nachdenklich stimmen mag allenfalls, dass in so gut wie allen bekannten Kulturen der Gebrauch von Rauschdrogen nachweisbar ist. Ohne sie erwies sich die Vergegenwärtigung aller guten Geister ein wenig mühsam. Mit den Drogen ging es flotter, allerdings auf die Gefahr hin, dass sich auch böse Geister in den Vorgang einklinkten.

Extravaganzen bleiben deshalb in meiner Religion vor der Tür. Die guten Geister warten hoffentlich darauf, auch ohne Verwendung von Koka, Mohn oder Hanf gerufen zu werden. Fragt sich nur wie.
Bitte ankreuzen:

- ☐ Durch Güte
- ☐ Mit Musik
- ☐ Beim Wandern in freier Natur
- ☐ Sonstiges

Mehrfachnennungen sind möglich. Fraglich bleibt, ob alle guten Geister Gott ersetzen können.

Komponist und Kardinal. Im gesamten Opernrepertoire der letzten Jahrhunderte ist das Zusammenspiel von Religiosität und Kreativität nur einmal thematisiert worden – am Beispiel der Schaffenskrise eines Komponisten. »Palestrina« (Text und Musik von Hans Pfitzner, Uraufführung München 1917) wird selten gegeben. Zeit der Handlung: November und Dezember 1563, das Jahr der Beendigung des Konzils von Trient. Im Zentrum stehen die entscheidenden drei Wochen im Leben des päpstlichen Kapellmeisters Giovanni Pierluigi da Palestrina (gest. 1594). Er soll eine Messe komponieren und muss gestehen, dass sein Genius den Dienst verweigert. Kardinal Carlo Borromeo ist erzürnt, Palestrina versinkt in Traurigkeit, erhält Besuch von neun verstorbenen Meistern der Kirchenmusik, die ihn an sein »Erdenpensum« erinnern, und hört schließlich einen kleinen Engel das Kyrie anstimmen. Das ist der Augenblick der Inspiration. Der Meister greift zur Feder, singend und schreibend, begleitet von Engelschören, bis die Messe fertig ist. Die guten Geister verschwinden, der Tonkünstler schläft gegen Ende des ersten Akts erschöpft ein.

Eine gewisse Nähe zum Religionskitsch wird dem Libretto dieser Szene nicht leicht abzusprechen sein. Das macht aber nichts. Pfitzner hat es vermieden, den Gottesnamen ins Inspirationsgeschehen einzuflechten, und »Liebesquell« (mit Fragezeichen) und »ewige Liebesnacht« (ohne Fragezeichen) als Bezeichnung der letzten Instanz gewählt. Sie lässt sich nicht einmal von einem Kardinal der römischen Kirche etwas vorschreiben.

Auch in meiner Religion ist es kein Fehler, sich von Gott geliebt zu wissen, ohne Fragezeichen und ohne Kardinal.

Ein wenig Psychologie. Aus der Tiefe der Zeiten, wie von einem anderen Stern, auf dem das theologisch geschulte Denken noch immer den Universitätsbetrieb regiert, kommt ein eher merkwürdiger Befund. Die beste Methode, Gott erfahrungswissenschaftlich zu erkennen, sei der Zuckertest *(optimus enim modus cognoscendi deum est per experimentum dulcedinis).* Zu dieser Auffassung gelangte auch der französische Nervenarzt Pierre Janet (gest. 1947) in

seiner zweibändigen Studie über eine anorektische Patientin, die er sechseinhalb Jahre in der Pariser Klinik Salpêtrière behandelt hatte. Ihre religiösen Ekstasen, die drei Tage lang anhielten, waren stets von einem frischen und süßen Geschmack im Mund begleitet. Diesen Zusammenhang zwischen Nahrungsverweigerung und gottseliger Süßigkeit kannten auch die mittelalterlichen Theologen. Als Ordensleute – *religiosi,* wie man damals sagte – wussten sie über die Auswirkungen extremen Fastens auf den Organismus Bescheid. Deshalb lässt sich gegen einen Zuckertest wenig einwenden. Nulldiät während drei bis vier Wochen, bei ausreichender und professionell zusammengestellter Flüssigkeitszufuhr, womöglich in einem bescheidenen Hotelzimmer irgendwo auf dem Land, ohne Telefon, Radio, Fernsehen, Internet und Lektüre. Erlaubt sind Spaziergänge und das Führen eines Tagebuchs. Wenn sich spätestens in der dritten Woche keinerlei Halluzinationen einstellen, eventuell verbunden mit dem charakteristischen Zuckergeschmack im Mund, sollte von ehrgeizigen Religionsgründungen lieber Abstand genommen werden.
Stalin und Hitler hätten den Zuckertest bestimmt für Unsinn gehalten. Sie haben den Fehler gemacht, ihren Ehrgeiz ständig in Hochspannung zu halten. Dabei hätte ein Blick in die Bibel genügt, um ihren Eifer zu dämpfen. Gott mag keine Aufregung.

Namenlos glücklich

Die gute Meinung (Fortsetzung). Buddha ist, wie gesagt, im Wald verschwunden, Jesus in die Wüste gegangen, Mohammed in der Höhle gehockt. Auf diese Weise haben sie sich einen Namen gemacht. Wer weiß, ob das gut war.
Wenn ich meine intimsten Gefühle herumerzähle, mache ich mich wichtig und verpasse womöglich die Gelegenheit, wenigstens einmal im Leben namenlos glücklich zu sein.

Ohne Vergangenheit. Ein wenig umständlich, aber vielversprechend ist die Methode, sich selbst zu anonymisieren, wie sie dem heiligen Alexius zugeschrieben wurde. Sein Namenstag fällt auf den 14. Juli. Die ältesten Lesarten seiner Lebensgeschichte lassen ihn um 400 herum in der Stadt Edessa (heute Urfa, Türkei) auftauchen, als Bettler unbekannter Herkunft, dessen Identität erst nach seinem Tod bekannt wurde. Im Martyrologium Romanum wird er als Künstler bezeichnet, der die Welt auf eine neuartige Weise zum Narren gehalten habe *(nova mundum arte deludens)*.

Ausführlicher kam die Alexiuslegende in einer Fassung zur Sache, die der 977 von den Muslimen aus Damaskus vertriebene Erzbischof Sergius nach Rom mitbrachte, wo er auf dem Aventin eine Kirche zugewiesen erhielt, die alsbald dem Alexius geweiht wurde und noch heute steht.

Von dort kam die Erzählung vom Leben und Sterben des merkwürdigen Menschen sehr rasch unter die Leute, in altfranzösischen, mittelhochdeutschen, spanischen, mittelenglischen Balladen, die von Bänkelsängern verbreitet wurden.

Zu erfahren war, dass ein junger Mann aus gutem Hause in der Hochzeitsnacht Rom verlassen hatte und nach Edessa gelangt war, wo er siebzehn Jahre lang als Obdachloser im Vorhof der Basilika zur Gottesmutter Maria lebte, bis seine Frömmigkeit sich herumzusprechen begann. Weil ihm das lästig wurde, fand er in Laodicea ein Schiff, das ihn mitnahm und in Ostia vor Anker ging. So kam der Mann auf die Idee, als fremder Pilger im römischen Palast seines Vaters eine Unterkunft zu erbitten. Er wurde nicht erkannt und blieb weitere siebzehn Jahre unter einer Treppe, wo die Abfälle ausgeleert wurden. Kurz vor seinem Tod notierte er seine Identität auf einer Schreibtafel, was seine Verehrung als Heiliger begründete.

Er war kein Einzelfall. Das Programm, nach dem er sein Leben führte, steht im »Buch der Stufen«, einer anonymen Anleitung zum glückseligen Leben aus dem vierten Jahrhundert in syrischer Sprache. Wenn du einen verwahrlosten Typen erblickst, heruntergekommen, ohne Obdach, ohne Familie, ohne Besitz, nicht ganz richtig im Kopf, dann sprich: So will ich leben.

Dem ist wenig hinzuzufügen. Die naheliegende Frage nach den Vorteilen einer derartigen Existenz wurde von dem deutschen Terroristen Michael Baumann positiv beschieden. Bis zu seiner Verhaftung im Jahr 1981 war Baumann mehrere Jahre untergetaucht. Wenn du irgendwo hinkommst, schrieb er, bist du genau der, der du im Augenblick bist. Dich verfolgt ja keine Geschichte mehr. Dann wird es erst interessant. Wenn du in der Illegalität lebst, bist du immer draußen, bist nicht integrierbar. Das machen natürlich nur sehr wenige Leute zur Zeit. Ist eine wirklich gute Sache.

Die Migranten ohne Einreisepapiere in Westeuropa werden sich mit dieser Auffassung schwerlich anfreunden. Ein Job mit Bleiberecht ist ihnen sicherlich wichtiger als extravagante Selbsterfahrungen. Was meine beiden Katzen anlangt, so möchten sie kaum unter einer Brücke übernachten. Soll ich sie wegen meines Seelenheils in ein Tierheim geben? Nein. Dann bleibe ich lieber unvollkommen, mitsamt meiner Vergangenheit.

An und für sich. Diese umgangssprachliche und in der Regel gedankenlos gebrauchte Formel verdankt sich dem Philosophen Hegel und ist in keine andere Sprache angemessen übersetzbar. Erstmals im Druck erschienen ist das An-und-für-sich im Jahr 1807, im Schlusskapitel der »Phänomenologie des Geistes«, wo es um die Versöhnung des Bewusstseins mit dem Selbstbewusstsein, also um Religion geht.

An sich sei diese Versöhnung schon geschehen, nämlich in der Religion, meinte der Philosoph, aber noch nicht für sich.

Was tun? In einer neuen Welt unbefangen von vorn anfangen, meinte der Philosoph auf der letzten Seite seines Werks. An und für sich besteht für mich kein Grund zur Verdrossenheit, laut Hegel, weil ich ohnehin auf einer höheren Stufe stehe als die Altvorderen.

Und dann? Im günstigsten Fall verschwinde ich im absoluten Geist, ohne mir dabei gänzlich abhanden zu kommen.

Wie das passieren soll, hat der Philosoph leider nicht verraten.

Sigmund Freud war deutlicher. Der Weg zum »freien Selbst« Hegels führe über die Anerkennung durch eine Bezugsperson, erkannte der Nervenarzt. Auf seiner Couch in der Wiener Berggasse Nr. 19 erzählten ihm die Patienten, was ihnen durch den Kopf ging, und ganz, ganz langsam kamen die Störungen zur Sprache, die als Neurosen das Leben erschwerten. Eine solche Behandlung dauert heute etliche Jahre und kostet eine schöne Stange Geld.

Und dann? Eventuell erwerbe ich eine Lizenz, anderen Leuten als Bezugsperson zu dienen. In diesem Fall

sollte mein Wunsch nach einer brauchbaren Religion lieber suspendiert bleiben, weil die Seelenheilkundler meist gottlos ordinieren.
Oder ich bin so hartnäckig wie Sigmund Freud, der ein Leben lang gegen den Glauben seiner Väter revoltierte, ohne von seiner Gottesneurose loszukommen.
Das war gut so. Auch ich werde mich mit Gott als Bezugsperson sicher nicht langweilen.

Ein wenig verrückt. Meine Gottesneurose orientiert sich nicht nur an Freud. Franz von Assisi zum Beispiel empfing gegen Ende seines Lebens die Wundmale des Gekreuzigten während einer Ekstase, was dem Heiligen eher peinlich war. Seitdem passierten ein paar hundert Stigmatisierungen im katholischen Einzugsbereich, zuletzt am Körper des italienischen Kapuzinerpriesters Pio von Pietrelcina (gest. 1968), der in seinem Heimatland zum absoluten Hit avancierte, mit jährlichen Pilgermillionen und seinem Bild in jedem zweiten Taxi.
Das ist Religion pur, zeitlos und irrational, unverwüstlich, rund um den Globus. Ohne einen Tropfen Wunderseligkeit wird auch meine Religion nicht funktionieren.

Mein vorletzter Wille. Und so wische ich meine Tränen ab und trete ins Freie. Ich bin nicht allein, wir sind viele. Wir sind nicht auf der Welt, um glücklich zu sein. Unsere Namen werden verschwin-

den. Wir haben Fragen gestellt, die ohne Antwort geblieben sind. Wir fragen weiter.
Fragen, suchen, liebhaben. So weit, so gut. Auch der Frisör ist nicht unzufrieden. Nach dem Glatzenschnitt sind meine Haare tadellos nachgewachsen.

Anmerkungen

Die Zahlen am Rand verweisen auf die jeweilige Seite des Textes, auf die sich die Anmerkungen beziehen. Öfter angeführte Arbeiten werden das erste Mal bibliographisch voll ausgewiesen und in der Folge abgekürzt zitiert. Hinweise auf Fachlexika, Handwörterbücher und das Internet werden nur in Ausnahmefällen gegeben. Die Übersetzung biblischer Bücher orientiert sich an der »Jerusalemer Bibel« (hrsg. von Diego Arenhoevel, Alfons Deissler, Anton Vögtle), Freiburg 1968.

11 *Die Religion war mir seit langem zuwider:* Peter Handke, Der kurze Brief zum langen Abschied, Frankfurt am Main 1972, 165.

12 *Beckett will uns zu verstehen geben:* Jean-Paul Sartre, Der Idiot der Familie, Reinbek 1977, 551 f.

13 *Gegenwärtig werden täglich:* »Atlantic Monthly«, Februar 2002. – Vgl. Brian Morris, Religion and Anthropology. A critical Introduction, New York 2006.

13 *Tendenz steigend:* David B. Barrett (Hsg.), World Christian Encyclopedia, 2 Bände, New York 2001.

14 *Kinderlos gebliebene Frauen:* J. A. Dubois, Hindu Manners, Customs and Ceremonies, Oxford 1906, 593 f.

16 *Zuerst werdet ihr darüber staunen:* Vgl. Kurt Flasch, Nikolaus von Kues in seiner Zeit, Stuttgart 2004, 67–72.

18 *Ich war eben am Einschlafen:* Agehananda Bharati, The Light at the Center. Context and Pretext of Modern Mysticism, Santa Barbara 1982, 39–42. – »Die Weltwoche«, 23.3.1989.

20 *Aller Augen warten:* Psalm 145,15.

22 *Als liebenswürdige und höfliche Menschen:* Hans Peter Duerr, Sedna oder Die Liebe zum Leben, Frankfurt am Main 1984, 233–235.

24 *Gegrüßt seist du Maria:* Lukasevangelium 1,28–42.

24 *Gottesgebraus:* Vgl. Adolf Holl, Die linke Hand Gottes. Biographie des Heiligen Geistes, München 1997, 18f.

24 *Wie auf der Tafel steht:* Michael Hesemann, Die Jesus-Tafel. Die Entdeckung der Kreuzes-Inschrift, Freiburg 1999.

24 *Von einem jungen Mann:* Markusevangelium 16,5–8.

25 *Zu Pfingsten im Kreis der Apostel:* Apostelgeschichte 2,1–4.

25 *Nichts von Maria Himmelfahrt:* Etliche frömmigkeitsgeschichtlich bedeutsame Details aus dem Marienleben gehen auf außerbiblische christliche Quellen, die sog. Apokryphen, zurück.

25 *Historisch verbürgt:* James D. Tabor, Die Jesus-Dynastie. Das verborgene Leben von Jesus und seiner Familie und der Ursprung des Christentums, München 2006.

25 *Als dein Gruß an mein Ohr drang:* Lukasevangelium 1,44.

26 *Wir fangen gerade an:* Karl Jaspers, Vom Ursprung und Ziel der Geschichte, Frankfurt am Main 1955, 34.

26 *Ihre Arbeit gedieh:* Israel Finkelstein / Neil A. Silberman, Keine Posaunen vor Jericho. Die archäologische Wahrheit über die Bibel, München 2002, 249–271. – Siehe auch Jan Assmann, Das kulturelle Gedächtnis. Schrift, Erinnerung und politische Identität in frühen Hochkulturen, München 2005, 196–228.

27 *Ein hölzerner Kasten:* Exodus 37,1–9; Erstes Buch der Könige 8,1–9.

29 *Sie ist der Ausgang des Menschen:* Berlinische Monatsschrift, Dezember 1784, 481–494.

30 *Hatten auf allen wichtigen Gebieten:* Vgl. Allan Janik / Stephen Toulmin, Wittgensteins Wien, München 1984, 160.

30 *Gott kann mir sagen:* Ray Monk, Wittgenstein. Das Handwerk des Genies, Stuttgart 1992, 613.

30 *Sie ist der Seufzer der bedrängten Kreatur:* Karl Marx / Friedrich Engels, Historisch-kritische Gesamtausgabe, Band 1, Frankfurt am Main 1927, 607f.

31 *Verglich Sigmund Freud:* Sigmund Freud Studienausgabe, Band IX, Frankfurt am Main 1974, 186.

32 *Ich bin zwar kein religiöser Mensch:* Monk, Wittgenstein 492 und 519.

32 *Als Gärtnergehilfe im Stift Klosterneuburg:* A. a. O. 210.

32 *Waren es etwa dumme oder stumpfe Menschen:* A. a. O. 521.

33 *Die Lösung des Problems:* Ludwig Wittgenstein, Tractatus logico-philosophicus, Frankfurt am Main 1963, 114.

36 *Die meisten Sätze:* A. a. O. 32.

37 *Die erste Hakenkreuzfahne:* Ian Kershaw, Hitler, Stuttgart 1998, 85.

38 *Die Perlen am Deckelknauf:* Reinhold Schneider, Winter in Wien, Wien 1958, 198.

38 *Der Zweifler hält die Hostie:* A. a. O. 98.

38 *Wurde von Schneider vertagt:* Vgl. Richard Faber, Der späte Reinhold Schneider. Abendländisches Christentum versus Christliches Abendland. Eine Metakritik, in: BThZ 6 (1989), Heft 1,93. – Siehe auch Richard Faber, Abendland. Ein politischer Kampfbegriff, Hildesheim 1979, 133–136.

38 *Zweifeln heißt denken:* Ludwig Wittgenstein, Über Gewißheit, Frankfurt am Main 1970, 125.

39 *Ich sitze mit einem Philosophen:* A. a. O. 121.

39 *Ich kann mir ganz gut eine Religion denken:* Zit. nach Monk, Wittgenstein 327.

40 *Noch nie habe ich Dich gesehen:* Anselm von Canterbury, Proslogion, Stuttgart 1962, 74–85.

40 *Als ich oft und eifrig das Denken bemühte:* A. a. O. 69.

41 *Auf zwei Zettel:* Blaise Pascal, Über die Religion und über einige andere Gegenstände (Pensées), übersetzt und herausgegeben von Ewald Wasmuth, Heidelberg 1978, 248.

41 *Ein Stachelgürtel um den nackten Bauch:* Jean Steinmann, Pascal, Stuttgart 1954, 241.

42 *Sein letztes Wort:* Ebd.

42 *Überkam einen Negerknaben:* Holl, Die linke Hand Gottes 33–59.

43 *Wie du warst:* Richard Strauss, Der Rosenkavalier, London 1943, 1.

43 *Einladung zum Abendessen:* Adolf Holl, Der letzte Christ. Franz von Assisi, Stuttgart 2000, 118 f.

44 *Das alles ist geheim:* Strauss, Der Rosenkavalier 45–50.

44 *Das bekannteste Beispiel:* Exodus 19, 16–22.

45 *Eine Gießkanne:* Hugo von Hofmannsthal, Gesammelte Werke, Prosa II, Frankfurt am Main 1851, 15–17. – Vgl. dazu Janik-Toulmin, Wittgensteins Wien 153–157.

46 *Umschrieb mystische Erlebnisse:* Robert Musil, Der Mann ohne Eigenschaften, Hamburg 1952, 766 f.

46 *Heilige Gespräche:* A. a. O. 746–771.

47 *Da geht er hin:* Strauss, Der Rosenkavalier 44.

47 *In die Kirchen gehn:* A. a. O. 51.

47 *Let my people go:* Vgl. Michael Walzer, Exodus und Revolution, Frankfurt am Main 1995.

47 *Kampffähigkeit und Härte:* Eugen Kogon, Der SS-Staat. Das System der deutschen Konzentrationslager, München 1985, 374 f.

47 *Aus den abgründigen Zonen:* A. a. O. VI.

49 *Die Religion ... ist es:* Adolf Harnack, Das Wesen des Christentums, Leipzig 1900, 188.

49 *Zwei Wegen können wir folgen:* Aurelius Augustinus, De Ordine. Erste deutsche Übersetzung von Carl Johann Perl, Paderborn 1947, 51.

51 *Endigt mein Büchlein:* Adolf Holl, Om und Amen. Eine universale Kulturgeschichte des Betens, Gütersloh 2006, 125.

51 *Der religiöse Mensch:* Peter Strasser, Geborgenheit im Schlechten. Über die Spannung zwischen Kunst und Religion, Wien 1993, 110.

51 *Man meditiere über den eigenen Körper:* Bettina Bäumer, Vijnana Bhairava. Das göttliche Bewußtsein, Grafing 2004, 98.

52 *Ohne kompetente Begleitung:* A. a. O. 44–46.

52 *Man soll dieses Wissen:* A. a. O. 234.

52 *Jedes Jahr im September:* Ernst Fürlinger, Verstehen durch Berühren. Interreligiöse Hermeneutik am Beispiel des nicht-dualistischen Sivaismus von Kaschmir, Innsbruck 2006, 24.

54 *Ich weinte und weinte:* Sam D. Gill, Hopi Kachina Cult Initiation. The Shocking Beginning to the Hopi's Religious Life, in: Journal of the American Academy of Religion, Supplement, Vol. XLV, June 1977, 451. – Vgl. dazu Adolf Holl, Brief an die gottlosen Frauen, Wien 2002, 185.

55 *Im alten Indien:* Lutz Röhrich, Und weil sie nicht gestorben sind. Anthropologie, Kulturgeschichte und Deutung von Märchen, Köln 2002, 378.

56 *Zersetzung des kulturellen Gedächtnisses:* Vgl. Danièle Hervieu-Léger, Religion as a Chain of Memory, Cambridge 2000, 137–140. – Vgl. auch Walter J. Ong, In the Human Grain. Further Explorations of Contemporary Culture, New York 1967, 52–59.

56 *Von Mund zu Mund:* Daniel L. Schacter, Wir sind Erinnerung. Gedächtnis und Persönlichkeit, Reinbek 1999, 485–490.

56 *Das Verbot, den Koran zu drucken:* Vgl. Dan Diner, Versiegelte Zeit. Über den Stillstand in der islamischen Welt, Berlin 2005, 127–133.

59 *Ein Jüngling:* Friedrich Schiller, Illustrierte Werke, Band 1, Stuttgart 1877, 146 f.

60 *In seiner Geheimwissenschaft:* Vgl. Johannes Hemleben, Rudolf Steiner, Reinbek 1963, 96.

60 *Das Unbegreifliche als klare Schranke:* Martin Heidegger, Schellings Abhandlung über das Wesen der menschlichen Freiheit, Tübingen 1971, 65.

60 *Bedient von einschlägigen Verlagen:* Christoph Bochinger, »New Age« und moderne Religion. Religionswissenschaftliche Analysen, Gütersloh 1995.

61 *Adam wurde zuerst erschaffen:* Erster Timotheusbrief 2,13 f.

62 *Ein Tongefäß voller Ketzereien:* Allen Williams, Rethinking »Gnosticism«. An Argument for Dismantling a Dubious Category, Princeton 1996. – Vgl. auch Elaine Pagels, Adam, Eva und die Schlange. Die Geschichte der Sünde, Reinbek 1991.

62 *Erscheint Eva als alleinerziehende Mutter:* Gerd Lüdemann / Martina Janßen (Hrsg.), Bibel der Häretiker. Die gnostischen Schriften von Nag Hammadi, Stuttgart 1997, 198–204.

63 *In Persien wurde sie zu einer Jugendbewegung:* Vgl. Geo Widengren, Mani und der Manichäismus, Stuttgart 1961.

65 *Ein junger Mann auf dem Thron Ägyptens:* Amenophis IV. (Echnaton), 1353–1363 v. Chr. – Vgl. dazu Jan Assmann, Die mosaische Unterscheidung oder der Preis des Monotheismus, München 2003, 55.

66 *Vom edlen Herrn Gotama:* Die Lebensdaten des historischen Buddha sind nicht mit Sicherheit festzulegen. Als Todesjahr wird das Jahr 410 v. Chr. angenommen (vgl. Ursula Baatz, Buddhismus, München 2002, 21).

66 *Mit Warenhäusern verglichen:* Rodney Stark, Der Aufstieg des Christentums. Neue Erkenntnisse aus soziologischer Sicht, Weinheim 1997, 241.

66 *Direkte persönliche Beeinflussung:* A. a. O. 243.

67 *Die Antwort Mariens:* Johannesevangelium 2,5.

67 *Er war am gefährlichsten:* Gitta Sereny, Albert Speer. Das Ringen mit der Wahrheit und das deutsche Trauma, München 1997, 423.

67 *Bhagwan propagierte:* Sheela, Tötet ihn nicht, München 1996, 122.

68 *Der Sinn für Humor:* Oscho, Leben Lieben Lachen, Köln 2006, 209.

68 *Die Konfrontation mit vernunftwidrigen Lebensumständen:* Rodney Stark / William Sims Bainbridge, A Theory of Religion, New Brunswick 1996, 85.

69 *In Kosmopolis ist alles frei:* Viele Kulturen träumten von einer umfassenden Harmonie zwischen der Ordnung der Natur (griechisch kosmos) und der Ordnung der menschlichen Gesellschaft (polis). Die Stoiker nannten diese vernunftgemäße Harmonie »Kosmopolis«. Vgl. dazu Stephen Toulmin, Kosmopolis. Die unerkannten Aufgaben der Moderne, Frankfurt am Main 1994, 116–118.

70 *Halbwegs erfolgreiche Religionen:* Stark-Bainbridge, A Theory of Religion 155 f.

70 *Multikulturelle Milieus:* Vgl. Christopher Partridge (Hrsg.), Encyclopedia of New Religions. New Religious Movements, Sects and Alternative Spiritualities, Oxford 2004.

70 *Auf dem Forum warteten Verkäufer:* Keith Hopkins, A World Full of Gods. Pagans, Jews and Christians in the Roman Empire, London 2000, 7–45.

71 *In das weltanschauliche Durcheinander:* Vgl. Malise Ruthven, Der göttliche Supermarkt. Auf der Suche nach der Seele Amerikas, Frankfurt am Main 1991.

74 *Hindus gegen Muslime:* Sudhir Kakar, Die Gewalt der Frommen. Zur Psychologie religiöser und ethnischer Konflikte, München 1997, 57.

75 *Im Dirnenviertel landete:* Janwillem van de Wetering, The Empty Mirror. Experiences in a Japanese Zen Monastery (deutsch: Der leere Spiegel), Boston 1974, 99–101.

75 *Ausdruck für ein Sandwich:* Janwillem van de Wetering, Reine Leere. Erfahrungen eines respektlosen Zen-Schülers, Reinbek 1999, 71.

76 *Spät habe ich dich geliebt:* Aurelius Augustinus, Dreizehn Bücher Bekenntnisse. Übertragen von Carl Johann Perl. Mit Anmerkungen von Adolf Holl, Paderborn 1964, 267 f. (10, 27, 38).

77 *Tröpfelte in sein Herz:* A. a. O. 218 (9, 6, 14).

77 *Im Privatissimum:* A. a. O. 53 (3, 6, 11).

77 *Wenn diese Herzkammer leer ist:* Salman Rushdie, Midnight's Children, London 1982, 10.

77 *Auf die Grundstörung zu achten:* Michael Balint, Therapeutische Aspekte der Regression. Die Theorie der Grundstörung, Stuttgart 1997, 32. – Vgl. dazu Theodor Itten, Jähzorn. Therapeutische Antworten auf ein unberechenbares Gefühl, Wien 2007, 35–37.

79 *Auf eine Waldlichtung gesetzt:* www.die-lichtung.at

79 *Geomantie und Radiästhesie:* Vgl. Jörg Purner, Radiästhetische Untersuchungen an Kirchen und Kultstätten, Innsbruck 1981.

81 *Sie war das allerschönste Kind:* Text und Melodie von Martin Stonsdorf.

81 *Die frühesten Spuren:* Vgl. Wendy Doniger O'Flaherty, Śiva. The Erotic Ascetic, Oxford 1981, 9.

81 *Waren es Klosterbrüder:* Vgl. Georges Duby, Die Zeit der Kathedralen. Kunst und Gesellschaft 980–1420, Frankfurt am Main 1992, 99–134.

82 *Einen glücklichen Hitler:* Sereny, Albert Speer 175–192.

85 *Wir haben uns verschworen:* Estelle Du Bois-Reymond (Hrsg.), Jugendbriefe von Emil Du Bois-Reymond an Eduard Hallgarten, Berlin 1918, 108.

85 *Als gottlosen Mediziner:* Walter Boehlich (Hrsg.), Sigmund Freuds Jugendbriefe an Eduard Silberstein, Frankfurt am Main 1989, 82.

86 *Das Ziel der Religion ist das Seelenheil:* Zit. nach »Süddeutsche Zeitung«, 26. 3. 2005. – Vgl. Viktor E. Frankl, Ärztliche Seelsorge. Grundlagen der Logotherapie und Existenzanalyse, Wien 2005.

88 *Nicht zu verwechseln mit Ingenieurwissenschaft:* Vgl. Wolfram Hogrebe, Metaphysik und Mantik. Die Deutungsnatur des Menschen, Frankfurt am Main 1992.

88 *Schwelle einer Weisheitskultur:* Ken Wilber, Halbzeit der Evolution, Bern 1984, 374.

88 *Nach seinen Berechnungen:* Arnold Keyserling, Kriterien der Wassermannzeit, in: Christiane Thurn / Herbert Röttgen (Hrsg.), Die Rückkehr des Imaginären. Anfänge einer neuen Politik, München 1981, 140–154.

89 *Gehören zu dem Kostbarsten:* Felicitas D. Goodman, Meine letzten 40 Tage. Eine indianische Vision über das Sterben und den Tod, Zürich 1996, 13. – Zum Leben und zum Werk von Felicitas D. Goodman siehe Holl, Brief an die gottlosen Frauen 81–130.

89 *Dass der edle Herr:* Golo Mann, Wallenstein, Frankfurt am Main 1971, 89–91.

92 *Ja eine neue Weichenstellung:* Fritz Riemann, Lebenshilfe Astrologie. Gedanken und Erfahrungen, München 2005, 258.

92 *Eine derartige Disposition:* A. a. O. 152–158.

93 *Die angeschaute Kategorie:* Georg Friedrich Wilhelm Hegel, Phänomenologie des Geistes, Hamburg 1952, 313.

93 *Zur Symbolik des Selbst:* Carl Gustav Jung, Gesammelte Werke, Neunter Band, Zweiter Halbband, Olten 183, 238–280.

94 *Über fesselnde Kräfte im Allgemeinen:* Vgl. Joan P. Culianu, Eros und Magie in der Renaissance, Frankfurt am Main 2001, 139–153.

95 *Klagte im fernen England:* Keith Thomas, Religion and the Decline of Magic, Harmondsworth 1973, 201.

96 *Es sei an der Zeit:* Anonymus, Traktat über die drei Betrüger, hrsg. von Winfried Schröder, Hamburg 1992, 5–7.

96 *Hab ich's nicht gleich gesagt:* Johann Nestroy, Höllenangst, Stuttgart 2001, 3. Akt, 23. Szene.

97 *Das Auftrittslied:* A. a. O. 1. Akt, 7. Szene.

97 *Blieben in der Schublade:* A. a. O. 105–113.

98 *Der Verfasser einer viel gelesenen mystischen Theologie:* Pseudo-Dionysius Areopagita, Über die mystische Theologie, Stuttgart 1993.

98 *Ohne Reinigung keine Erleuchtung:* Vgl. Evelyn Underhill, Mystik. Eine Studie über die Natur und Entwicklung des religiösen Bewußtseins im Menschen, Bietigheim 1928, 261–303.

99 *Im Hause meines Vaters:* Johannesevangelium 14,2.

100 *Ich setze mich ... auf den Thron:* Vgl. Max Stirner, Der Einzige und sein Eigentum, Stuttgart 1972, 181.

100 *Die Freiheit jedes mündigen Individuums:* Zit. nach Justus Franz Wittkopp, Michail A. Bakunin, Reinbek 1974, 70 f.

101 *Durch Geburt und persönliche Lage:* A. a. O. 108 f.

101 *Mit Gift, Dolch, Strick:* A. a. O. 80.

101 *Weltweit agierende Terroristen:* Zit. nach Hans G. Kippenberg, Gewalt als Gottesdienst. Religionskriege im Zeitalter der Globalisierung, München 2008, 191.

102 *Das Ziel alles Lebens:* Freud, Studienausgabe, Band III, Frankfurt am Main 1975, 248.

102 *Unsere Beziehung zum Tod:* Freud, Studienausgabe, Band IV, Frankfurt am Main 1970, 264.

102 *Der Mensch wurde zum Menschen:* Walter Burkert, Homo Necans. Interpretationen altgriechischer Opferriten und Mythen, Berlin 1997, 30.

102 *Das Letzte Abendmahl:* Vgl. Bernhard Lang, Heiliges Spiel. Eine Geschichte des christlichen Gottesdienstes, München 1998, 231–313.

103 *Man kan euch von Gotte nit sagen:* Zit. nach Walter Elliger, Thomas Müntzer. Leben und Werk, Göttingen 1975, 700–703.

103 *Sein Blut komme über uns:* Matthäusevangelium 27,25.

103 *Willst du vollkommen sein:* Matthäusevangelium 19,21.

104 *Das Tischgebet der Vollkommenen:* Zit. nach Widengren, Mani 99.

104 *Zwei namentlich genannte Damen:* Zit. nach Daniela Müller, Katharer, in: Adolf Holl (Hrsg.), Die Ketzer, Wiesbaden 2007, 214.

105 *In der Gesellschaft des Fiakers:* Vgl. Frederic Morton, Schicksalsjahr Wien 1888/89, Wien 1979, 240 f.

106 *Bratfisch hat ganz wunderbar gepfiffen:* A. a. O. 255.

106 *Wiedereinsetzung des Fleisches:* Vgl. Manfred Schneider, Die kranke schöne Seele der Revolution. Heine, Börne, das »Junge Deutschland«, Marx und Engels, Frankfurt am Main 1980, 180.

110 *Im Todesjahr des Königs Usija:* Jesaja 6,1–4.

111 *Und es nahm mich die Göttin:* Hermann Diels, Die Fragmente der Vorsokratiker, Reinbek 1957, 44.

113 *Eine der begabtesten Frauen:* Vita Sackville-West, Adler und Taube. Eine Studie in Gegensätzen, Frankfurt am Main 1982, 82.

114 *Vier volle Tage:* A. a. O. 45.

116 *Weder Freigeborene noch Knechte:* Galaterbrief 3,28.

116 *Den Bruchlinien der gesellschaftspolitischen Konflikte:* Vgl. Michael Wolf, Geschichte der Impetustheorie. Untersuchungen zum Ursprung der klassischen Mechanik, Frankfurt am Main 1978, 87–114.

117 *Bildgebende Verfahren:* Vgl. Detlef B. Linke, Religion als Risiko. Geist, Glaube und Gehirn, Reinbek 2003, 74–84.

120 *Die beste Methode:* Bonaventura, Sentenzenkommentar III, 35.1,5 (ed. Quaracchi 3,775).

121 *Ihre religiösen Ekstasen:* Pierre Janet, De l'Angoisse à l'Exstase, Paris 1926 und 1928. – Vgl. dazu Catherine Clément – Sudhir Kakar, Der Heilige und die Verrückte. Religiöse Ekstase und psychische Grenzerfahrung, München 1993.

121 *Auswirkungen extremen Fastens:* Vgl. Rudolph M. Bell, Holy Anorexia, Chicago 1985.

121 *Gott mag keine Aufregung:* Erstes Buch der Könige 19,11.

122 *Die ältesten Lesarten:* Vgl. Adolf Holl, Der lachende Christus, Wien 2005, 84–88.

123 *Wenn du einen verwahrlosten Typen erblickst:* Patrologia Syriaca 3, Paris 1926.

124 *Wenn du irgendwo hinkommst:* Michael Baumann, Wie alles anfing, Frankfurt am Main 1977, 136.

125 *In einer neuen Welt unbefangen von vorn anfangen:* Hegel, Phänomenologie des Geistes 553.

125 *Die Anerkennung durch eine Bezugsperson:* Vgl. Bettina Reiter, Spaziergänge mit Freud. Psychoanalytische Beobachtungen, Wien 2007, 74f.

Die Niederschrift wurde im Juni 2006 begonnen und im Juni 2008 abgeschlossen.

Klaus Woltron

Die Perestroika des Kapitalismus

Ein Aufruf zum Systemwechsel

Frisst das Kapital seine Kinder?
Wohin steuert die Wirtschaft
und wie können wir ihren Kurs ändern?

Die jüngste Finanzkrise zeigt es überdeutlich: Der Kapitalismus ist an seine Grenzen gestoßen, das neoliberale System befindet sich im Wandel. Selbst die überzeugtesten Anhänger der freien Wirtschaft erkennen, dass sie ihre Strategien überdenken müssen, und rufen den Staat zu Hilfe.

Statt Untergangsszenarien zu beschwören, bringt Klaus Woltron Licht in das Dickicht der Wechselwirkungen, zeigt wirksame Gegenstrategien auf und prüft sie auf ihre praktische Umsetzbarkeit: Wie lässt sich ein neues Gleichgewicht herstellen? Wie können die Fehlentwicklungen des Kapitalismus und der Globalisierung ausgeglichen werden, ohne zum totalen Zusammenbruch des Systems zu führen? Auch ein freies Spiel der Kräfte braucht weltweit gültige, klare Regeln. Die Systemkrise muss die Chance sein, um einen Systemwechsel herbeizuführen.

Aus seiner klugen Analyse der Mechanismen des Marktes und der wirtschaftlichen, politischen, gesellschaftlichen Zusammenhänge entwickelt der Autor sinnvolle Maßnahmen für einen umwälzenden und gleichzeitig friedlichen Umbau von Wirtschaft und Gesellschaft. Seine »Empfehlungen für Verantwortungsträger« zeigen, was jetzt zu tun ist.

autorinresidenz

Andrea Maria Dusl
Die österreichische Oberfläche

Österreich findet am Übergang zwischen Innen und Außen statt … launig und nüchtern, witzig und desillusionierend zugleich …

Kurier

… Dusl ist der rare Fall einer Autorin, die barocken Sprachaufwand mit nachgerade wissenschaftlicher Akribie, kolumnistischen Subjetivismus mit analytischem Scharfsinn und eine grundsolide republikanische Gesinnung mit Humor zu verbinden weiß … Zum Schluss sei auch noch die Oberfläche der Oberfläche gerühmt: Ein schöneres Buch wird man derzeit kaum finden …

Klaus Nüchtern, *Falter*

Nicht-Österreich wird kleiner. Andrea Maria Dusl beschreibt die Lebensart der Nachbarn. Thema des Buchs ist das Leib- und Magen-Thema eines jeden Österreichers: Österreich.

Christian Jostmann, *Süddeutsche Zeitung*

Die Beantwortung ungestellter Fragen verspricht der Klappentext von Andrea Dusls neuem Buch. Da wir überinformiert und unterbelesen sind, hält das Versprechen.

Format

Lebte der selige Karl Kraus noch, hätte er in Frau Dusl eine würdige Partnerin gefunden.

The Gap

autor**in**residenz

Patrik Ouředník
Die Gunst der Stunde, 1855
Roman

Ob Patrik Ouředníks *Die Gunst der Stunde, 1855* dereinst in einem Atemzug mit George Orwells *Animal Farm* oder Joseph Conrads *The Secret Agent* genannt werden wird, soll die Literaturgeschichte entscheiden. Dass der vom slowakisch-österreichischen Schriftsteller Michael Stavarič kongenial ins Deutsche übersetzte Roman die Comédie humaine um eine ebenso kluge wie witzige Fußnote bereichert, steht aber schon heute fest.

Ewald Schreiber, *Der Standard*

Ouředník hat eine ironische Parabel geschrieben, die er nicht interpretieren will. Der Autor, der die unterschiedlichen Positionen seiner Protagonisten ohne Parteinahme wiedergibt, verschwindet hinter seinem Text und übergibt die Interpretationshoheit an die Leser.

Eva Schobel, *Ö1 Ex Libris*

Ouředníks Gespür für den richtigen Ton, für Komik durch zurückhaltendes Erzählen ist es zu verdanken, dass der Stoff durchaus als Modell gelesen werden darf. In Michael Stavarič' Übertragung aus dem Tschechischen ist diese ironische Note auf unaufdringliche Weise präsent …

Anja Hirsch, *Frankfurter Allgemeine Zeitung*

Eine witzige und beißende Fabel eines ebenso originellen wie begabten Schriftstellers.

Le Monde

Auf hinreißende Weise voltairisch!

Libération

autor**in**residenz